河合 敦

お姫様は「幕末・明治」をどう生きたのか

扶桑社文庫
0744

はじめに

本書は、江戸時代最後、幕末の姫たち（皇族や大名の子女）の生き様を紹介したものである。

ペリーが来航して幕府に開国を迫り、我が国は幕末を迎える。そうしたなかで慶応《けいおう》三年（一八六七）末、ついに江戸幕府が消滅して新政府が樹立され、国内は内戦（戊辰《ぼしん》戦争）に突入する。ここから廃藩置県に至る数年に及ぶ激動期を、姫たちはいったいどう生きたのか。そこに、本書は初めてスポットをあてた。

戊辰戦争で徳川家が存亡の危機に立ったとき、勝海舟《かつかいしゅう》の尽力で取り潰しを免《まぬか》れたというが、じつはその陰に、姫たちの大いなる活躍があったのである。十三代将軍家定《いえさだ》の御台所《みだいどころ》篤《あつ》姫と十四代将軍家茂《いえもち》の正室和宮《かずのみや》は、命を捨てる覚悟で、嫁ぎ先の徳川家の存続を新政府や朝廷に働きかけたのだった。

一方、東北諸藩は戦禍《せんか》に見舞われてしまう。会津《あいづ》藩は朝敵として征伐を受けたが、このさい、藩主の松平容保《まつだいらかたもり》の義姉照《てる》姫は、ともに若松《わかまつ》城に籠《こ》もって女性たちを励まし、籠城戦を見事に戦い抜いた。二本松《にほんまつ》藩主丹羽長国《にわながくに》の正室久子《ひさこ》は、新政府軍に城を包囲される直前、娘たちとともに脱出し、救いを求めて米沢《よねざわ》へ向かう。その逃避行を自身が綴《つづ》った『道の記』には、お姫様がこれまで経験したことのない苛酷な数十日が詳細に描かれている。

仙台《せんだい》藩主伊達斉義《だてなりよし》の娘として生まれた保子《やすこ》は、亘理《わたり》伊達家当主の邦実《くにざね》に嫁いだが、戊辰戦争のあと、同家は二万四千石をたったの百三十俵に減らされてしまう。このため時の亘理家当主の邦成《くにしげ》（養嗣子《ようしし》）は、家臣を引き連れて北海道の開拓を決意。このとき保子は家中と行動をともにすることを決意、現地で人々を励まし、私財をはたいて開拓を成功に導き、家中から「開拓の母」と慕われた。

このように姫たちは、幕末から維新にかけての激動期を、それぞれが強い意志をもって、たくましく生き抜いていったのである。

そんな知られざる姫たちの幕末維新の活躍を、存分に堪能《たんのう》いただきたいと思っている。

令和三年八月　河合　敦

お姫様は「幕末・明治」をどう生きたのか◆目次

第一章

将軍家・御三家

激動の世紀を生きたお姫様

徳《とく》川《がわ》吉《よし》子《こ》（女王）

〝烈公〟に側室をすすめた王女

水戸徳川家九代藩主斉昭正室

文化元年（一八〇四）～明治二十六年（一八九三）

婚家　水戸徳川家

将軍を補佐する徳川御三家の一つ。徳川家康の十一男頼房が常陸国下妻藩10万石から水戸藩25万石（のち35万石）に転封となり、初代藩主となる。歴代藩主のなかでも、「黄門様」こと2代光圀が、とりわけ有名である。光圀は尊王思想を中心に据えた『大日本史』の編纂に取り組んだ。なお、全編が完成するのは明治時代である。

実家　有栖川宮家

伏見宮、桂宮、閑院宮と並ぶ世襲親王家である四親王家の一つ。2代好仁親王が高松宮を創設し、その後、有栖川宮と改称する。書道と歌道を家学とする名門であり、8代幟仁親王の代に有栖川流を確立し、明治天皇の書道と歌道の師範を務めている。9代熾仁親王は明治天皇の御手習師範となった。大正2年(1913)、10代威仁親王逝去により絶家となった。

徳川吉子（茨城県立歴史館蔵）

倹約励行の御家

吉子《よしこ》女王は、有栖川宮織仁《ありすがわのみやおりひと》親王の娘として生まれ、登美宮《とみのみや》とも呼ばれた。のちに水戸《みと》藩九代藩主徳川斉昭《なりあき》の正室となり、最後の将軍、徳川慶喜《よしのぶ》を生んだ女性である。

斉昭が藩主の地位についたのは、文政《ぶんせい》十二年（一八二九）十月十七日のことであった。だが、そこに至るまで、水戸藩内では後継者をめぐってもめにもめ、ようやく決着したという経緯があった。

争いの原因は、八代藩主の斉脩《なりのぶ》に子がなかったことにあり、水戸家中は後継者をめぐって二派に割れてしまったのだ。

一つは、十一代将軍家斉《いえなり》の子で清水《しみず》家（御三卿《ごさんきょう》の一つ）を継いだ恒之丞《ひさのじょう》を推《お》す一派。もう一つは、斉脩の異母弟敬三郎《けいざぶろう》（のちの斉昭）の擁立をもくろむ一派であった。両派はそれぞれの候補者を当主にするため、熾烈《しれつ》な勢力争いや政治工作を展開していった。

清水派が水戸家重臣の大半を占めたのに対し、敬三郎派は中下級武士が圧倒的だった。門閥《もんばつ》で構成された保守的な清水派（門閥派）は、将軍家斉の子を藩主にすることによって、幕府からの金銭的援助が期待できるという、実利的な思考のもとに行動していた。

　一方の敬三郎派（改革派）は、水戸家の血縁を重視するとともに、敬三郎の英邁《えいまい》さに期待し、敬三郎のもとで藩政改革を断行しようと考えていた。

　文政十二年秋、斉脩が危篤《きとく》に陥《おちい》った。このとき、敬三郎を推す改革派は強硬手段に出る。同派の四十数名が徒党を組んで、無断で水戸から江戸へ向かい、「敬三郎様を新藩主にしてもらいたい」と幕府へ直訴《じきそ》したのである。

　機先を制する強行策が功を奏したのか、敬三郎が次期藩主と決定した。こうして改革派は門閥派に勝利し、敬三郎は名を斉昭と改め、九代藩主として水戸藩を襲封《しゅうほう》することになった。だが、敗れたとはいえ、門閥派は厳然と存在し、その後も大きな勢力を有していた。

徳川斉昭（大洗町幕末と明治の博物館蔵）
吉子と10人の側室で22男15女をもうけ、吉子との夫婦仲はむつまじかった

　ところで、徳川斉昭という人は、多くの著作と書簡、詩

文を残している。それを読むと、たいへん気性が激しく、個性の強い人物だったことがよくわかる。ちなみに斉昭のことを烈公と呼ぶのは、そんな資質をとらえたものだろう。

会沢正志斎《あいざわせいしさい》（安《やすし》）、藤田東湖《ふじたとうこ》を中心とする改革派は、斉昭に強く藩政改革を求めた。というのは、これより五年前の文政七年五月、突如、領内の北端大津浜《おおつはま》（現在の北茨城市）に異国船が出現、上陸した異人らが水戸藩に水と食料を要求してきたからだ。水戸藩側では、その要求に応えて異人たちを船に返したものの、この大津浜事件を契機に、藩内では強烈な危機意識が生まれ、海防を中心とした抜本的な改革の必要性が唱えられ始めた。

こうして斉昭は、天保《てんぽう》元年（一八三〇）より大規模な藩政改革を開始する。天保三年には海防掛《がかり》を新設したのを手始めに、同七年に海防惣司に家老の山野辺義《やまのべよし》観《み》を任じ、その家臣とともに助川村《すけがわ》（現在の日立市）に土着させた。この助川村は、海を見下ろす台地上にあり、あたかも城のごとき屋敷を同地に築かせ、敷地に大砲まで設置させたのである。そして、たびたび家臣たちに鉄砲の射撃訓練をおこなわせるなどして、外国人の来襲に備えたのだった。

同年、斉昭は、湊《みなと》（現在のひたちなか市）に砲台を、さらに領内北部に海防陣屋を設置し、やはり家臣を土着させ、海岸線の守りを固めている。

また、大砲や火薬の製造にも力を注ぎ、神崎《かんざき》の地に見事な大砲鋳造《ちゆうぞう》所を建設している。画期的だったのは、鉄砲の威力を重視して、この時期に藩の戦闘組織をすべて銃隊に変えたことだった。

さらに斉昭は騎上からの射撃術や銃撃方法に工夫を凝《こ》らし、「神発流《しんぱつりゆう》」と称する新しい兵法を考案している。大した研究ぶりである。

大規模な改革を始めた年、斉昭はいよいよ身を固める決意をした。近臣にあてて「妻をおくようになると、どれくらいの費用がかかるだろうか」と相談する手紙を出しているからだ。

じつは、八代藩主斉脩の正室の峰《みね》姫は、将軍家斉の娘だった。このため、毎年一万両の化粧料が将軍家から水戸藩に下されていたのだが、将軍の娘を妻に迎える場合、屋敷を新築しなくてはならない決まりになっていたし、大奥と同じような贅沢《ぜいたく》な暮らしを認めなくてはならなかった。

藩主になった斉昭は毎朝、別棟《べつむね》にいる前藩主の妻で養母峰姫（峯寿院《ほうじゆいん》）に対し、きちんと裃《かみしも》を身につけて挨拶に出た。

初めての挨拶のとき、通常は着物の素材に絹を用いるのだが、財政再建のため家中に倹約を命じていたので、斉昭はあえて質素な麻の裃を身につけて参上した。

すると、取り次ぎの峰姫の老女に、「殿の召されている麻の服では、峰姫様に無礼になります。とても、お取り次ぎなどできません」ときっぱり拒絶されたのだ。

そこで斉昭が仕方なく絹服に着替えて出直すと、老女は笑顔で斉昭を出迎えたという。その後、斉昭が、「改革のためみずから倹約しているのです」といくら説明しても、麻裃での挨拶を峰姫は受け付けようとしない。そのため、とうとう斉昭も根負けしてしまい、峰姫の前に出るときは絹服を身につけるようになった。

そんなこともあって、斉昭は家臣に対し、嫁をもらうといくらかかるのかを尋《たず》ねたのかもしれない。

数え年二十八の花嫁

花嫁の候補は、大名から五摂家《ごせっけ》（高位の公家）までおよそ十六人にのぼったが、幕府の内意によって、天保元年（一八三〇）八月頃に宮家・有栖川宮出身の吉子に内定したのである。

ところが、すでに彼女は二十七歳になっていた。

現代では結婚適齢期にあたるが、当時としては、とうの昔に結婚する年齢は過ぎている。

そんなわけで、水戸家中では「本当は、斉昭公より二、三歳年上ではないか」とささやかれていたという。

ただ、斉昭もずっと部屋住み（居候《いそうろう》）の身で、関係をもった女性はいたが、正式な妻はなく、すでに三十一歳になっていたので、年齢的に釣り合いはとれていた。

さて、徳川御三家である水戸家と有栖川宮家との縁談を知った時の仁孝《にんこう》天皇は、「水戸家は先代以来、よい政治がおこなわれ、代々、勤王《きんのう》（尊王《そんのう》。天皇を敬う思想）の志が厚いので、良縁である」とたいへん喜んだという。

実際、水戸藩は二代藩主の徳川光圀《みつくに》が天皇を中心とした『大日本史』（歴史書）の編《へん》纂《さん》を始め、それがそのまま当時も引き継がれており、家中には尊王論が深く浸透していた。

天保二年二月、吉子が挨拶のために仁孝天皇のもとに参内《さんだい》したさい、天皇は吉子に妻となる心構えなどをいろいろと語ったあと、六歌仙手鑑《ろっかせんてかがみ》などを贈るとともに、紫宸《ししん》殿《でん》に生えている桜と橘《たちばな》の実を与えた。

やがて、その実から育った苗木は、小石川《こいしかわ》藩邸の後楽園《こうらくえん》に植えられ、のちに斉昭が水戸に藩校の弘道館《こうどうかん》を創建したとき、この桜のひこばえ（若芽）を移植している。

なお、天皇から下賜《かし》された桜と橘に感激した斉昭は、国学者の吉田令世《よしだのりよ》に由来記をつくらせ、その文章を寒水石《かんすいせき》に刻ませ、小石川藩邸内に碑を建てた。

吉子はさらに光格《こうかく》上皇のもとにも挨拶へ参内したが、上皇もたいへん喜び、ごちそうが用意され、やはり絵巻物や銀製の煙管《きせる》、香箱などさまざまなものを下賜した。

天保二年三月十八日、吉子はいよいよ京都を出立し、中山道を通って江戸へ向かい、四月六日に小石川藩邸の富士見御殿に入った。長旅の疲れも見せず、たいへん機嫌がよかったという。

このとき水戸藩士たちは初めて吉子の姿を目にした。それほど容姿がよいとは聞いていなかったが、実際に公に姿を現すと、皆がその美しさに驚いた。さらに実年齢の二十八歳にはとても思えず、十九歳か二十歳にしか見えなかったという。

それから三日後の四月九日に結納《ゆいのう》がおこなわれ、十二月十八日に婚礼の儀が挙行され、斉昭と吉子は晴れて夫婦となった。

なお、吉子は前藩主の正室峰姫に対して、驚くようなことを申し出た。「私はもう高齢ゆえ、跡継ぎが生まれないかもしれませぬ。ぜひ斉昭公のために、侍女（側室）をもたせてあげてください」と述べたのである。

じつは関東に下向するにさいし、吉子は兄の有栖川宮韶仁《つなひと》親王から「女は嫉妬《しっと》の心

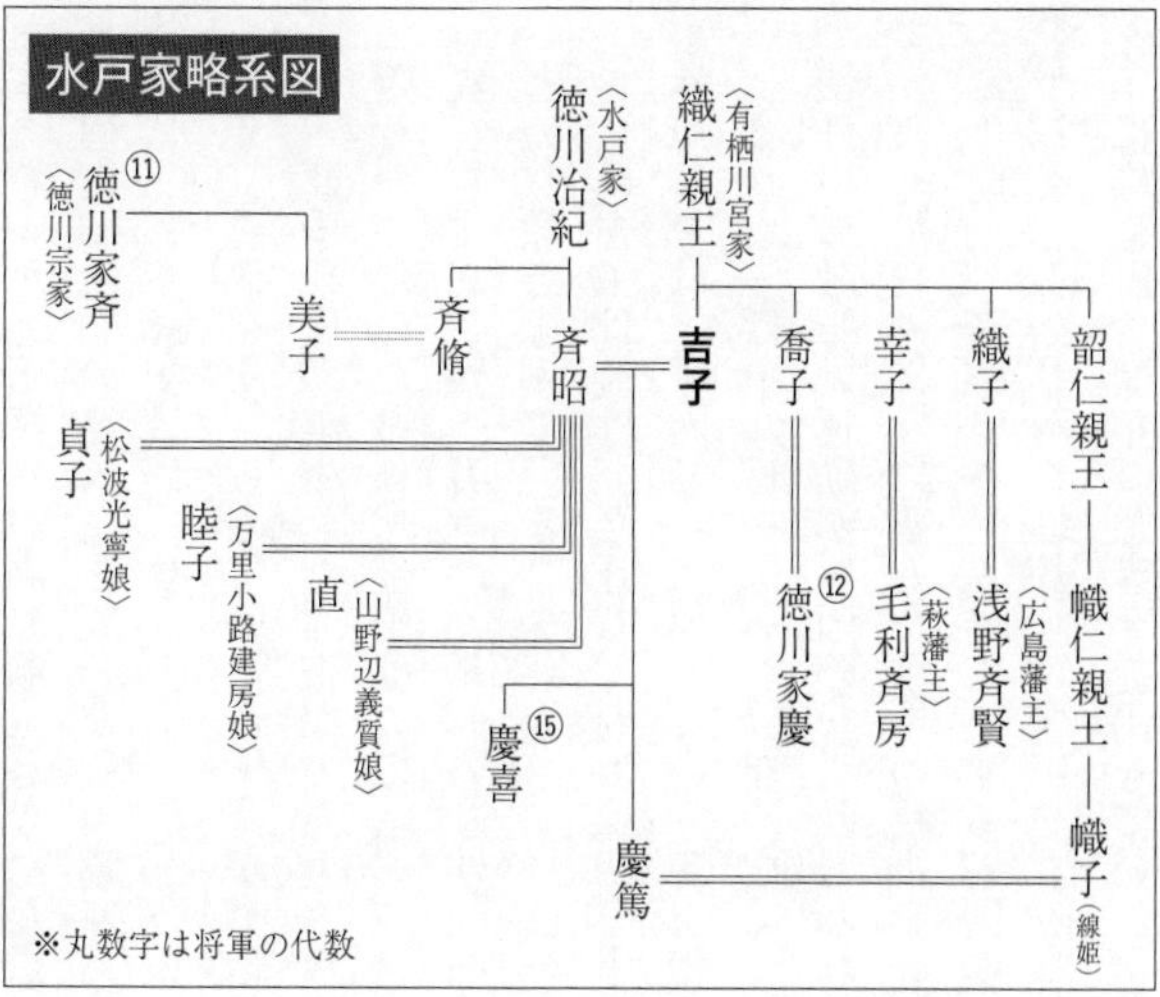

がないほうがよいのだ」と言われたこともあり、このような申し入れをしたのではないかと思われる。

そこで水戸藩では、家老の山野辺義質《よしもと》の娘・直を侍女とした。

ちなみに斉昭は、豪毅な性格で烈公と呼ばれたが、精力にあふれており、この直のほかにも、藤原登聞、荻原古与、松波貞子、立原利子、万里小路《までのこうじ》睦子、友田徳子、庵原《いはら》道子、高橋悦子という女性との間に子をつくっている。男児二十二人、女子十五人、合わせて三十七人という多さだ。そのうち十七名は早世したが、男子では鳥取《とっとり》藩主になった池田慶徳《いけだよしのり》、川越《かわごえ》藩主となった松平直侯《まつだいらなおよし》、岡山《おかやま》藩主となった池田茂政《いけだもちまさ》、島原《しまばら》藩主となった松平忠和《ただかず》、土浦《つちうら》藩主となった土屋挙直《つちやしげなお》、さらに徳川御三卿の清水家を継いだ徳川昭武《あきたけ》（慶篤《よしあつ》・慶喜の異母弟）、会津《あいづ》松平家の当主になった松平喜徳《のぶのり》などがいる。

さて、子供をあきらめていた吉子だが、結婚後すぐに懐妊し、翌天保三年五月には長男・鶴千代麿が誕生した。彼がのちの水戸十代藩主徳川慶篤である。

嬉しかったのだろう、吉子はこの頃、

「実をむすぶさかへもみたくゑみのまゆ　開く三千世《みちよ》の桃の初花」

という歌を詠《よ》んでいる。

さらに吉子は続けて懐妊し、翌天保四年十一月に次男の二郎麿が誕生した。そのため水戸藩では、領内で「二郎」という名を使うことを禁止している。だが、残念ながら生まれた子は十八日後にあっけなく亡くなってしまった。

懐妊中の激しい運動が原因の一つかもしれない。じつは吉子は、お腹が大きくなってからも毎日のように薙刀《なぎなた》や乗馬の稽古をしていたのだ。

この時期、斉昭はさかんに来航する外国船に脅威を感じ、北辺を防備するため、みずから家臣団を率いて蝦夷《えぞ》地へ渡り、開拓にあたらせようと考えていた。実際、天保五年には幕府に開拓請願書を提出している。

吉子はそんな斉昭とともに北方に赴《おもむ》くため、体力をつけようとしていたのである。また、斉昭は持論として、「この非常時にあっては、たとえ女性といえども、戦争に用いるべきだ」と述べており、斉昭は家中の「女中」たちに弾丸の鋳造や火薬の製造などを命じていた。吉子は「私もそのやり方を覚えて手伝おうとし、弾丸を鋳《い》たり、火薬を袋に入れたりした」と回想している。何ともけなげな人である。

なお、実姉の喬子《たかこ》（十二代将軍家慶《いえよし》夫人）は吉子が懐妊すると、「身分の高い女は妊娠すると運動不足になる。弱い子が生まれては困るから運動しなさい」と「箒《ほうき》」をプレゼントしている。

だが吉子は、「お心づかいありがとう。でも、私は斉昭公とともに蝦夷地に渡るつもりなので、毎日、そのようなことはしておりますわ」と答えたとされる。

斉昭は夷狄《いてき》が必ず日本を侵略してくると確信しており、天保十二年（一八四一）には、西洋砲学の大家である高島秋帆《たかしましゅうはん》のもとに家臣を派遣して、西洋流砲術を学ばせている。同年三月には、追鳥狩《おいとりがり》と呼ばれる行事が水戸領で大々的に挙行された。

これは、狩の名を借りた軍事演習だった。

千束原《せんぞくはら》において騎兵三千、雑兵数万を大動員して、実戦さながらの真摯《しんし》な訓練だった。このとき、斉昭自身も鎧《よろい》に身を固めて参加している。以後、追鳥狩は例年おこなわれる水戸藩の慣例行事となった。

だが、江戸の藩邸にいた吉子は、この壮大な行事を見ることができなかった。優しい斉昭は、天保十五年、わざわざ彼女のために、その演習の模様や合戦、本陣などの隊形を描いた十八巻にも及ぶ絵巻物をつくった。

吉子はこれを見て大いに喜び、「この絵巻は後世に伝え、あなたの深き心を忘れぬように、序文を書きましょう」と言って、序文一巻を認《したた》めた。

長文であるので、その一部を紹介しよう。

「われ、此殿《このとの》に有ながらひと目だに見侍《はべ》らぬがほいなければ、一度はみまほしき事と思ひはべれどせむなきを、あからさまに此事をこひ物し聞えあげ侍りけるに、其折《そのおり》の有さまおしてしらるゝよしなければ、其よそほいのさまゝのあたり見るが如くになむ。（中略）君の御出たちよりあまたひきゐ給へる武士のありさま、勢ひ猛《たけ》くも又あでやかにいとゆゝしく実にかくこそおもひやられぬ」（仲田昭一著「徳川斉昭夫人登美宮と那珂地方」『那珂町史の研究　第十一号』所収）

このように、吉子は前々からひと目でいいから軍事演習を見たいと思っていたが、夫の斉昭がその気持ちを察し、この絵巻物をつくってくれたことに感謝するとともに、実際に絵巻物に描かれた勇ましい武士たちの姿に感動したことを記している。

二人三脚の夫婦

斉昭は、軍制改革ばかりではなく、愛民政策も積極的に展開している。

天保四年（一八三三）、七年、八年と、水戸藩は凶作に見舞われたが（天保の大飢饉《ききん》）、餓死者は比較的少なくてすんだ。それは斉昭が西国から米穀を大量に購入し、領内へせっせと廻送したからだ。

斉昭が当主になった頃、水戸の農村のかなりが荒廃していた。凶作は単にその一因に過ぎず、むしろ根本的な原因は、貨幣経済の浸透による階層分化と年貢高の不公平にあった。

驚くべきことに水戸藩では寛永《かんえい》十八年（一六四一）以来、総検地を実施していなかった。だから、検地帳の石高《こくだか》と実際の石高は大きく異なってしまい、土地の生産高は正しく評価されていなかった。

このため、年貢率の高い粗悪な田畑や、逆に税率の低い豊かな田畑があった。こうした不公平な状況のなか、富める者は金の力にまかせてよい土地を集積し、それを小作人に耕作させた。逆に小百姓は、粗悪な重税地しか残らず、生活の苦しさに耐えかねて土地を放置して他国へ逃走したり、破産して隷属《れいぞく》農民に落ちていった。

この結果、農村人口は減少の一途をたどり、結果として藩に入る年貢量も激減した。

そこで斉昭は、門閥派の反対を押し切り、総検地を強行する。天保十一年七月から検地を始め、荒れ地を村の石高から除外したり、屋敷地の田畑の年貢を免除したり、検地竿を長くして石高を少なく見積もったりと、農民に有利になるように配慮した。天保十三年十一月、検地は終了し、土地税制の不公平は大幅に是正《ぜせい》された。

吉子も斉昭にならって愛民に力を注いだ。あるとき吉子は、姑《しゅうとめ》（義母）の峰姫から尾張焼《おわりやき》の鳥籠《かご》をプレゼントされた。何とも美しい鳥籠であった。そこで斉昭に対し、籠に入れる九官鳥《きゅうかんちょう》を買ってほしいとねだったのである。

斉昭が了承して九官鳥を購入しようとしたところ、二十五両かかることがわかった。一両三万円と見積っても、鳥一羽としては莫大《ばくだい》な金額である。この噂を耳にした吉子は、「そんな高価なのですね。私一人のために、大金を無用の玩物《がんぶつ》に費《つい》やすべきではありません」と述べ、斉昭に対し「九官鳥を買う金銭を、貧しい者の子供たちに分与してほしい」と頼んだという。

なお、斉昭が死去したのちのことであるが、水戸藩で麻疹《はしか》が大流行したことがある。このおり、吉子は領民全員に対してひと粒ずつ薬を配布している。

ところで、水戸藩では陶器や硝子《ガラス》器、塗物の製造並びに馬の養育などが奨励されている。とくに面白いのは、蜜蜂《みつばち》の飼育を奨励したことだ。なんと、斉昭はみずから養

水戸城二の丸三階櫓（やぐら）（水戸市立博物館蔵）
石垣の代わりに一層目を海鼠（なまこ）壁で覆い、屋根には鯱（しゃちほこ）を上げた外観三層・内部五階の大型櫓。実質上の天守となった。廃城令による解体を免れたが、太平洋戦争時の空襲で焼失した

蜂を研究し、『景山養蜂録』（景山は斉昭の号）という飼育書を出版している。だが、いずれの産業振興策も結局長続きはせず、藩庫を潤《うるお》すには至らなかった。

天保十五年、斉昭は藩主引退に追い込まれる。

そのきっかけになったのが宗教政策であった。

尊王思想の強い水戸藩では、神社を尊び寺院を排斥する風が強かったが、斉昭は仏教弾圧策を改革の一環として始める。神仏の習合を許さず、神社から仏教色をことごとく払いのけ、神道の純化をはかった。同時に、領内から多くの僧侶を追放し、次々と寺院を潰していったのである。野にある石仏さえ、撤去してしまったと伝えられる。また、水戸藩内の寺の梵鐘《ぼんしょう》や金銅仏も、大砲の鋳造に用いるため鋳潰した。

冠婚葬祭も、領民に神式を強制するようになった。将来的には、寺請《てらうけ》制度をやめて、氏子《うじこ》制度に切りかえようと考えていたようだ。

同年五月、斉昭は幕府から突然、隠居謹慎処分を申し渡された。

その罪状は、「謀反《むほん》の疑い」であった。「浪人を多く召し抱えたこと。大々的な軍事演習を挙行したこと。寺院を破却したこと」などが主たる嫌疑内容であった。

これは、斉昭の宗教弾圧に怒った領内の寺院勢力が、門閥派と結びついて密かにクーデターをもくろんだと考えられる。斉昭は、天保の改革をしている水野忠邦《みずのただくに》の後援を得ていたが、前年、その水野が失脚している。斉昭が庇護《ひご》者を失った機会を門閥派は見逃さなかったのだろう。

こうして、改革は頓挫《とんざ》した。

ただ、驚くことに領内では、まもなく大々的な斉昭の雪冤《せつえん》運動が巻き起こり、郷士《ごうし》（下士）層に先導された多数の農民が水戸から江戸にのぼり、幕府に斉昭の免罪を訴えるという事件が発生している。いまだかつて、これほどまでに、領民から慕われた殿様がいたであろうか――。

斉昭に代わって藩主となったのは、長男慶篤であった。まだ十三歳だったこともあり、実母である吉子がかなり慶篤の相談に乗ったと伝えられる。

御家を守る未亡人

それから七年後の嘉永《かえい》四年（一八五一）、慶篤は妻を迎える。なんと、妻の線《せん》姫は吉子の実家・有栖川宮家から来た娘だった。吉子は、「数あまた枝も茂らん年の内に春の心を含む松姫」と歌い、二人に子が生まれるのを強く望んだ。

嘉永六年にペリーが来航すると、隠居していた斉昭が、老中阿部正弘《あべまさひろ》に幕府の海防参与《さんよ》として抜擢され、復権を果たした。

藩内でも実権を取り戻そうとする斉昭に対し、かつて斉昭を失脚に追い込んだ結城《ゆうき》寅寿《とらじゅ》ら門閥派が反発、気弱な藩主慶篤に迫って、藩主の名で幕府に斉昭を批判する書を提出したのである。

驚いた吉子は、三男の慶喜とともに慶篤の行為をいさめ、その書を幕府から取り戻させている。慶喜はこのときすでに幕府の御三卿・一橋《ひとつばし》家の当主となっていた。非常に聡明《そうめい》であり、顔も性格も斉昭に一番似ていたといわれる。

結局、安政《あんせい》三年（一八五六）になると、阿部正弘が要職から去り、斉昭も用済みとなった。そこで吉子は慶喜とともに斉昭に海防参与を辞任するよう勧め、これを了承させた。だが、この頃になると、将軍家定《いえさだ》の後継者問題や列強との通商条約締結問題で、斉昭は京都の公家を動かすなど政治的な工作をおこなうようになった。我が子・慶喜を次期将軍にしようと考え始めたのである。

こうした行動に対し、吉子はやはり慶喜とともに斉昭に諫言《かんげん》している。このように、幕末になると、吉子がかなり藩内で政治力を発揮するようになっていく。

その後、井伊直弼《いいなおすけ》が大老になると、直弼は次期将軍を紀州《きしゅう》藩主徳川慶福《よしとみ》と定め、孝《こう》明《めい》天皇の勅許《ちょっきょ》を得ずに列強と通商条約を結んでしまう。これに対して、斉昭ら一橋派が強く抗議すると、井伊は次々と一橋派の大名や家臣、公家を処罰していった。世にいう安政の大獄《たいごく》だ。

このおり斉昭は水戸に永蟄居《えいちつきょ》となり、慶喜も処分を受けた。また、慶篤も差控《さしひかえ》という措置《そち》を被《こうむ》った。こうして江戸から水戸へ向かう斉昭に対し、吉子も幕府に対し、夫に同行させてほしいと強く願った。三か月後、ようやく許可が出て、吉子は水戸へ赴いた。そして、水戸の御杉山に屋敷を建てて住むようになったのである。

安政七年三月三日、安政の大獄に激怒した水戸藩士らが、脱藩して桜田門外で井伊直弼を暗殺した。世にいう桜田門外《さくらだもんがい》の変である。だが、斉昭はこの行為をほめず、強く非難したまま、それから約半年後に病歿した。

未亡人となった吉子は以後、貞芳院《ていほういん》と称するようになった。彼女は夫が葬られた端《ずい》竜山《りゅうさん》にたびたび参拝し、その菩提《ぼだい》を弔《とむら》うとともに、病弱で気弱な慶篤をよく補佐した。とくに斉昭を失脚に追い込んだ門閥派に慶篤が取り込まれぬよう、斉昭の遺書を示すなどして慶篤に諫言した。

門閥派は吉子の政治力を恐れ、これを懐柔《かいじゅう》しようとした。たとえば、同派の鈴《すず》木《き》重《しげ》棟《むね》（城代家老）が吉子のために酒宴を開こうとしたことがあった。しかし吉子は、「悪党の宴《うたげ》には参加できませぬ」と断固はねつけたと伝えられる。結局、慶篤が藩主として主導力を発揮できず、聡明な慶喜が江戸から離れて京都に行ってしまったこともあり、水戸藩は改革派（天狗党《てんぐとう》）と門閥派（諸生党《しょせいとう》）が醜《みにく》い争いを続け、明治維新でほとんど活躍することができなかった。吉子はそうした家中の融和をはかろうと努めたが、「御婦人の身で政治にご介入遊ばされるのはもってのほか」と門閥派から非難された。

新政府が成立すると、親幕府的だった門閥派は力を失い、尊王攘夷《じょうい》（天皇を敬い、外国勢力を排除しようとする思想）をとなえる改革派が江戸で実権を掌握、慶応《けいおう》四年（一八六八）三月、軍勢を引き連れて水戸領へ入った。いったん水戸城から遁《のが》れた門閥派はふたたび水戸へ舞い戻り、水戸城下で激しい戦闘がおこなわれ、ようやく改革派が水戸を制圧する。

ちょうどこの時期、慶篤が病歿する。代わってフランスから帰国した異母弟の昭武が藩主となり、同年十二月、領内を慰撫《いぶ》するために水戸へ入った。

愛夫からのプレゼント

明治になると、吉子は東京の小梅《こうめ》邸に住み、雅楽《ががく》や篳篥《ひちりき》などの芸事や、芝居見物など、悠々自適の生活を送ったと伝えられる。

とくに魚釣りが趣味で、水戸城にいた時代はよく侍女たちを連れて杉山の暗い木立で釣り糸を垂れていたという。

湯治と称した旅行も趣味で、明治十年（一八七七）には静岡、明治十五年には熱海《あたみ》に出かけている。一番気が合った子供は慶喜だったようで、熱海の湯治は慶喜も一緒だった。

また、明治二十年頃に旧水戸藩士の青山勇が某画家に頼んで「えぼし姿」の徳川斉昭像を描かせた。このとき勇は、斉昭を知っている人たちに実際に会って意見を聞き、下絵を修正させて正確な肖像をつくり上げた。

完成したとき、勇は本郷弓町の屋敷に吉子らを招いて、その肖像画を披露した。これを見た吉子は、「これはまた立派な若殿ですこと」と、実物より豪華なことを笑い、さらに「大勢の子供のなかで慶喜が一番斉昭公に似ている。目元などはそっくりです」と述べたという。

吉子は明治二十六年（一八九三）に九十歳で永眠するが、晩年まではきはきとしていて、その声も爽やかで、そんな高齢には思えなかったといわれる。

なお、吉子は「文明夫人」と諡《おくりな》された。これはなんと、故・徳川斉昭が名付けたものだった。

斉昭は生前、吉子のために諡をつくっておき、これを固く封じ、彰考館《しょうこうかん》に預け、「もし吉子が歿したら、これを開いてそこに記した諡を用いるように」と述べたとい

80歳の吉子と13歳の孫娘鏡子（茨城県立歴史館蔵）

う。だが、いつの頃か、その封書は吉子の手元にあり、ずっと開封されないまま、今日に至ったのだという。

吉子の死後、中を開けてみると「文明夫人」という斉昭特有の文字が出てきたのである。斉昭が歿してから、少なくとも四十年以上が過ぎている。

吉子の葬儀は、明治二十六年二月五日に谷中《やなか》の天王寺斎場で執行された。山県有朋《やまがたありとも》や陸奥宗光《むつむねみつ》など、総理大臣や大臣クラスの政治家も参列、会葬者は一万人にも及んだ。

吉子の遺体は、上野駅から列車で水戸へ運ばれることになった。徳川一族の葬儀ということで、見物人も多く、上野停車場は大混雑だったという。

午後二時に上野を発《た》った列車は午後六時に水戸に到着し、藩校だった弘道館に棺《ひつぎ》は一泊し、翌日は久慈《くじ》郡太田町で一泊し、やがて瑞竜山《ずいりゅうさん》の水戸家の墓所に葬られた。

徳川慶喜も、この埋葬に参列している。きっとあの世に旅立った吉子も愛《いと》しい我が子に見送られて満足だったろう。

コラム

十九歳で散らした若き命

十二代薩摩藩主島津忠義正室　暐姫《てるひめ》

嘉永四年（一八五一）～明治二年（一八六九）

暐《てる》姫は、薩摩《さつま》藩主島津斉彬《しまづなりあきら》の三女である。

母は斉彬の側室伊集院須磨《いじゅういんすま》だが、薩摩藩士伊集院兼珍《かねうず》の養女となったこと以外、その経歴はまったく不明である。ただ、彼女は側室のなかで一番多い二男三女を生んでおり、斉彬に寵愛《ちょうあい》されたのは確かであろう。

藩主の斉彬は、前藩主斉興《なりおき》とその正室弥《い》姫との間に生まれた嫡男《ちゃくなん》だったが、斉興はお気に入りの側室お由羅《ゆら》の生んだ久光《ひさみつ》を藩主にしたいと密かに望んだようで、世嗣《せいし》（跡継ぎ）斉彬が四十歳近くになっているのに引退しようとしなかった。

このため次期藩主の地位をめぐって、世嗣斉彬派と庶子《しょし》（正室以外の子）久光派の間で激しい暗闘が続いた。やがて斉彬派がお由羅と久光の暗殺を企てていたことが発覚すると、斉彬派が大量に粛清《しゅくせい》されるなど御家《おいえ》騒動（お由羅騒動）が起こる。しかし、最終的に斉彬が老中阿部正弘《あべまさひろ》、伊予宇和島《いようわじま》藩主伊達宗城《だてむねなり》、福井《ふくい》藩主松平春嶽《まつだいらしゅんがく》（慶永《よしなが》）らの支援を受けて、藩主に就任することができた。

斉彬は開明的な君主として殖産興業政策に邁進《まいしん》するとともに、西郷隆盛《さいごうたかもり》などを抜擢し、将軍継嗣問題では一橋慶喜《ひとつばしよしのぶ》の擁立に動いた。だが、大老の井伊直弼《いいなおすけ》が紀州《きしゅう》藩主徳川慶福《とくがわよしとみ》を跡継ぎに決めると、他の一橋派の大名とともにこれに反発する。対して、井伊は彼らを大弾圧し始めた（安政《あんせい》の大獄《たいごく》）。そこで、斉彬は抗議のため、五千の兵を率いて鹿児島から江戸へ向かおうと計画するが、安政五年（一八五八）七月に体調を崩し、わずか数日後に急死する。

コレラに罹患《りかん》したといわれるが、久光一派の毒殺という説もあり、西郷隆盛などはこれを信じ、生涯、島津久光になじまなかったという。

島津斉彬銅像（鹿児島市、照国神社）
薩摩藩第11代藩主。西洋の技術を取り入れ、富国強兵につとめた

なお、臨終のさい、斉彬は弟の久光かその子・忠義《ただよし》を跡継ぎとし、その正室に暐姫を、次の藩主には実子の哲丸《てつまる》をすえるよう遺言したという。

哲丸というのは、須磨が生んだ子で、このときまだ生後十か月だった。

久光は藩主就任を固辞したので、忠義が藩主となり、暐姫が正室になることが決まった。ただ、暐姫はまだ八歳だったので、婚礼はそれから六年後の元治《げんじ》元年（一八六四）に挙行された。十四歳の暐姫に対して忠義は二十五歳だった。

暐姫が妹の典《のり》姫と寧《やす》姫と一緒に写したものと思われる写真が現存するが、おそらく結婚の前後の写真であろうか。細身で気高《けだか》そうな、京風の美人である。

そんな暐姫が十九歳になった明治二年（一八六九）三月に第一子の房《ふさ》姫を出産する。しかしひどい難産だったようで、暐姫はそのまま亡くなってしまったのである。また、房姫もそれから二年後に短い人生を閉じた。写真は残っているものの、残念ながら暐姫の逸話はまったく伝わっていない。

翌年、忠義の後妻に暐姫の妹・寧姫が入り、二十七歳のとき男児（忠寶《ただたか》）を生んだ。ただ、姉と同じく難産だったようで、翌日、死去してしまった。また、生まれた忠寶も三か月後に夭折《ようせつ》してしまったのである。

篤姫《あつひめ》

十三代将軍家定正室

天保六年（一八三六）～明治十六年（一八八三）

気位の高い嫁との反目の果て

婚家　徳川将軍家

江戸幕府の創設者である、徳川家康の家柄。徳川姓を名乗ることが許されたのは、宗家（将軍家）のほか、将軍を継ぐことのできる御三家（尾張家・紀州家・水戸家）、御三卿（田安家・一橋家・清水家）のみ（一時期これら以外にも存在していた）であった。江戸265年にわたって君臨した徳川家は、明治維新後も公爵（華族の第1位）として遇せられている。

実家　薩摩藩

薩摩と大隅2国ほか合わせて73万石（異説あり）を領した島津氏の藩。戦国時代には一時、九州諸国の多くを支配した。関ヶ原の戦いでは西軍であったが、徳川家康から旧領を安堵された。幕末の名君として名高い島津斉彬のもと、富国強兵につとめ、藩の下級武士を率いた大久保利通や西郷隆盛らを中心に倒幕運動を進め、明治維新を実現した。

篤姫（徳川記念財団蔵）

姫に与えられた密命？

篤《あつ》姫は、平成十五年（二〇〇三）、『大奥』（フジテレビ）で菅野美穂さんがこの役を演じて話題となったが、平成二十年には大河ドラマとなり、とても好評で視聴率もよかったことから一気に知名度がアップした。原作は宮尾登美子氏の『天璋院《てんしょういん》篤姫』（講談社）で、主演は宮﨑あおいさんだった。

徳川《とくがわ》将軍家の正室（御台所《みだいどころ》）には、代々、皇族や公卿《くぎょう》の娘を迎えるのが習わしだった。十三代将軍家定《いえさだ》の正室である篤姫も、右大臣近衛忠煕《このえただひろ》の娘である。しかし、娘といってもじつは養女であり、あくまで徳川将軍家に輿入《こしい》れするため、体裁《ていさい》をととのえたに過ぎなかった。

篤姫の実父は、薩摩《さつま》藩主島津斉彬《しまづなりあきら》の叔父忠剛《ただたけ》である。篤姫は、従兄《いとこ》であり藩主の斉彬の求めによって、いったん斉彬の養女となってから近衛家の養女となり、徳川将軍家に輿入れしたのである。

斉彬が篤姫を大奥へ入れたのは、南紀《なんき》派との戦いに勝つためというのが、これまでの定説であった。当時、将軍家定の後継者をめぐって、幕府内では二派に分かれて対立が始まり出していたとされる。

譜代《ふだい》大名の多くは、紀州《きしゅう》藩主徳川慶福《よしとみ》を推《お》し、彼らは南紀派と呼ばれた。これに対

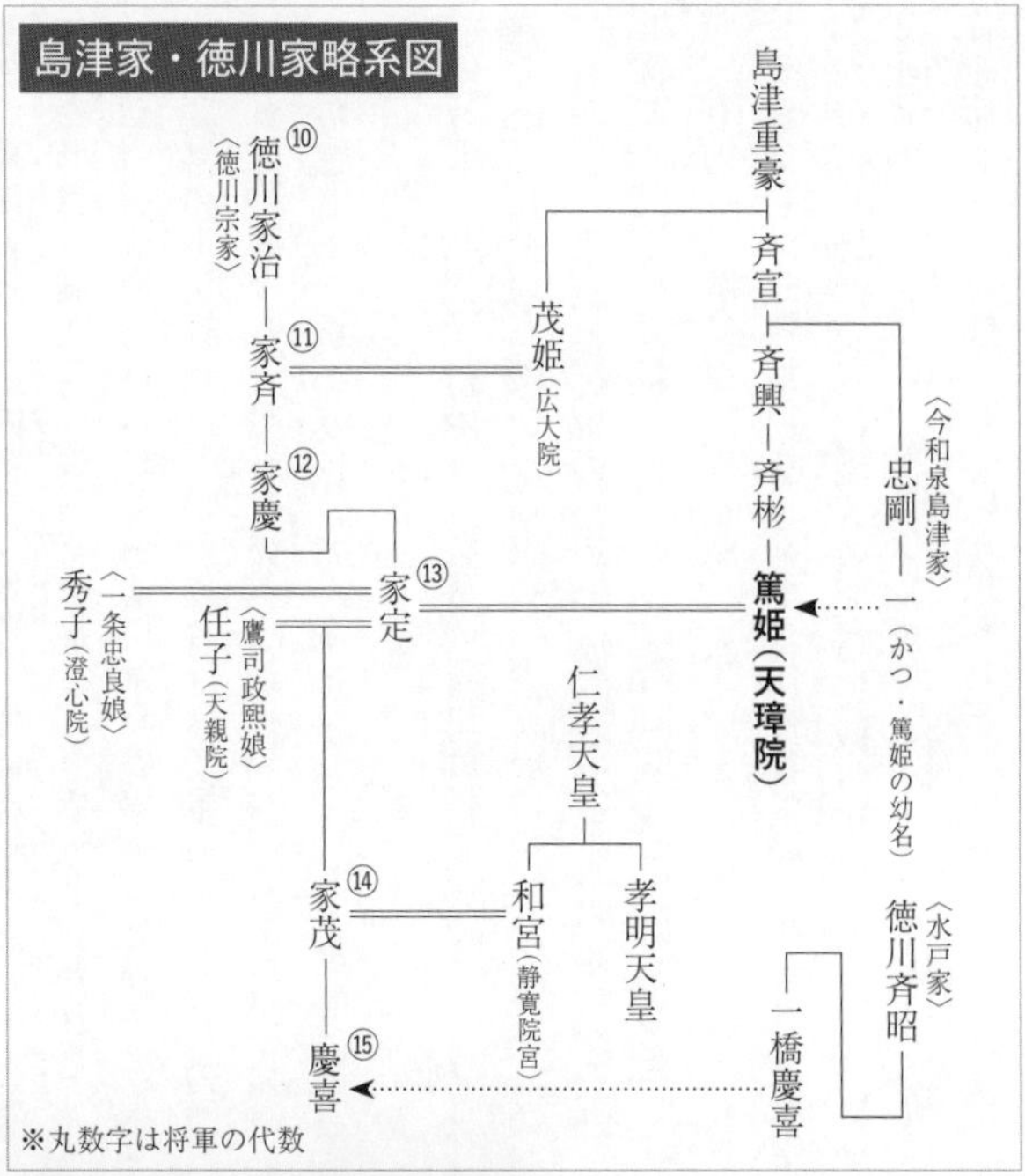

今和泉島津家墓地（指宿観光協会提供）
初代の忠郷（たださと）から篤姫の実父忠剛や兄忠冬（ただふゆ）らが、14基の墓石と100基あまりの灯籠に囲まれ眠っている

して、島津斉彬、山内容堂《やまうちようどう》（豊信《とよしげ》）、徳川斉昭《なりあき》、松平春嶽《まつだいらしゅんがく》（慶永《よしなが》）といった開明的な大名たちは、聡明な一橋慶喜《ひとつばしよしのぶ》を推し、一橋派と言われた。

なお、一橋慶喜は水戸《みと》藩主徳川斉昭の実子で、養子に入って一橋家を嗣《つ》いだのである。慶喜の実父斉昭は、常々幕府に倹約を説いていたので、「もし斉昭の息子が将軍になれば、きっと大奥も予算を削られ、質素な生活を強《し》いられるだろう」、そんなふうに危惧した大奥の女性たちは慶喜を嫌い、圧倒的に南紀派を支持する声が強かった。

そうした状況を打破し、慶喜の将軍就任を実現しようと、島津斉彬は篤姫を大奥へ送り込んだというのが、通説となっている。

しかし、家定と篤姫の婚約が成立した嘉永《かえい》六年（一八五三）の時点では、まだ家定は将軍に就任しておらず、この段階では、斉彬にその意図はなかったというのが、近年、有力な見解になっている。

それでも、その年のうちに十二代将軍家慶《いえよし》が死去して家定が将軍についており、なおかつ、篤姫が正式に輿入れする安政《あんせい》三年（一八五六）には、すでに将軍後継問題が表面化しているので、篤姫の大奥入りのさい、斉彬が一橋派が有利になるよう政治工作を命じたのは間違いないと思われる。

それにしても当時、将軍家定はまだ三十代前半であった。まさに男盛りといえる。なのになぜ、後継者問題が発生したのだろう。

それは、家定に子供が生まれる可能性が皆無だったからである。家定は、前将軍家慶の嫡男《ちやくなん》として生まれたが、幼少より体が弱く、正座もできないほどであった。常に首を振る症状を呈《てい》し、身体をよく痙攣《けいれん》させていたといい、病気だったのか、あるいは身体に何らかの障害をもっていたようだ。

決定的なのが、女性と性交渉がもてなかったことである。老中の久世《くぜ》広周《ひろちか》が、「将軍は性的不能である」と証言していることから、すでに幕閣内では、周知の事実だったようだ。

そんなわけだから、たとえ妻や側室がいても子供ができるはずもなく、後継者問題がもち上がるのは当然のことだった。

徳川家定（徳川記念財団蔵）
癇癪を起こしたり、奇声を発するなどの症状があり、将軍の資質に欠けるといわれたが、篤姫との夫婦仲は決して悪くなかったようだ

結局、将軍家定は、在職わずか五年で病死してしまう。篤姫との結婚生活も二年足らずだった。死因は脚気《かっけ》だといわれるが、まだ三十五歳の若さであった。安政五年七月六日のことである。

この前後、きっと篤姫は一橋派のために、大奥に対する政治工作を必死におこなったと思われる。だが、結局それは実を結ばなかった。

南紀派のリーダーである彦根《ひこね》藩主井伊直弼《いいなおすけ》が大老に就任、強引に将軍後継者を十三歳の紀州藩主徳川慶福に決めてしまったからである。

同年、慶福は家茂《いえもち》と改め、十四代将軍に就任した。

二人の女帝

ただ、大老の井伊直弼は一橋派を弾圧したことで、激しい恨みを買って水戸の浪士らに襲撃され、江戸城桜田門外《さくらだもんがい》で命を落とした。これにより幕府の権威は失墜し、勤《きん》王《のう》の志士たちは朝廷を奉じて倒幕に動き始めた。危機感を感じた老中安藤信正《あんどうのぶまさ》は、朝廷と協調して政権を運営しようと公武合体《こうぶがったい》運動を進め、公武（朝廷と幕府）融和の象徴として将軍家茂への和宮《かずのみや》の降嫁《こうか》の実現を目指した。和宮は孝明《こうめい》天皇の異母妹である。

文久《ぶんきゅう》元年（一八六一）、和宮の輿入れが正式に決定し、同年秋に彼女は江戸へ下った。

こうして大奥は、新しい将軍の正室（御台所）を迎えたわけだが、篤姫は当初、和宮に対して激しい嫌悪感をもったといわれる。

和宮から贈られた土産物の包み紙に、「天璋院へ」と書かれていたのだ。確かに和宮は皇女として身分は高いかもしれないが、形式的には篤姫は前将軍の御台所、いわば姑《しゅうとめ》の立場にある。その姑に対し、さすがに呼び捨てはなかろう。

さらに朝廷は、和宮が降嫁するにあたり、次のような条件をつけた。和宮本人とその周りの者たちは、すべて御所風儀《ごしょふうぎ》（京都の朝廷と同じ様式）で生活させること。江戸城の生活に慣れるまで宮中の女官を側近としてつけること。父（仁孝天皇《にんこう》）の年忌《ねんき》に和宮を帰京させることなど、こうした要求をのませたうえで大奥へ入ってきたのである。何とも高慢な輿入れに、篤姫は我慢ならなかったはず。

だから初対面のときに、篤姫は和宮の思い違いをはっきりと正した。自分は上段の間に分厚い茵《しとね》（敷物）を敷いて座り、左脇の下座に和宮を座らせ、茵さえ与えなかったのである。

また、庭田《にわた》嗣子《つぐこ》、鴨脚《いちょう》克子《かつこ》ら和宮付きの女官（典侍《てんじ》）には、居室として日当たりの悪い八畳間二室しか提供しなかった。

篤姫付きの女中と和宮付きの女中はそれぞれおよそ三百名近くおり、以後、両派はことごとく対立するようになったといわれている。

文久三年には、突如、篤姫が「本丸から二の丸へ移居する」と和宮側へ伝え、驚いた和宮があわてて側近を通じ、その行為を思いとどまるよう懇願《こんがん》する一幕もあった。こうした両派の確執は、幕府崩壊まで続いていく。

たとえば、将軍家茂の後継者をめぐっても対立が起こっている。

家茂は第二次長州《ちょうしゅう》征討の最中、大坂城中においてにわかに病に陥《おちい》り、慶応《けいおう》二年(一八六六)七月二十日、二十一歳の若さであっけなく死去してしまう。すると後継者をめぐり、大奥内部ではさっそく亀裂が生じた。

大奥は当時、三派に分かれていた。老女派(佐幕・保守派)と篤姫派(前将軍家定の正室・薩摩藩出身)と和宮派(家茂の正室・孝明天皇の妹)である。

いうまでもなく老女派は、水戸出身の慶喜を毛嫌いしていた。また篤姫も、将軍家茂が大坂へ向かうさいの、「自分にもしものことがあれば、田安亀之助《たやすかめのすけ》を後継者にしてほしい」という遺言を尊重し、老女派に同調した。

対して和宮は、慶喜を敬愛している孝明天皇の妹ゆえ、名こそ口に出さなかったものの、「只今の御時勢、御幼年(亀之助)にては如何《いかが》と御心配遊ばし候共《そうらえども》、御後見にても慥《たし》かなる御人《おひと》御座候わば御《おん》よろしくながら、左様《さよう》なくてはまことに御大事ゆえ、余人しかるべき人体天下の御為に勘考《かんこう》御座候」(『静寛院宮《せいかんいんのみや》御側日記』)と暗に慶喜を推薦した。

もちろん、老女派も負けていない。彼女たちは慶喜派の老中の板倉勝静《いたくらかつきよ》に「家茂公のご遺命は田安殿なのだから、すみやかに田安殿を将軍にするように」と再三強く迫って板倉を牽制《けんせい》し、尾張《おわり》藩や水戸藩などに工作をおこなって慶喜の将軍就任を妨害した。篤姫も次期将軍は「ご遺命に従って田安殿を」と閣僚に説き、嫁の和宮にさかんに翻意《ほんい》を促したのだった。

大奥の戦いは、いったん老女派・篤姫派に軍配が上がる。和宮が夫家茂の遺命に従うことに同意したからだ。しかし、最終的には板倉勝静の周旋で、慶喜の擁立を決定、亀之助を慶喜の後嗣《こうし》(後継者)にすることで老女派・篤姫派を納得させ、反対運動は沈静化された。

将軍夫人の使命

だが、慶喜は結局、難局を乗り切れずに大政奉還《たいせいほうかん》によって政権を投げ出し、さらに、鳥羽《とば》・伏見《ふしみ》の戦いで敗れると、さっさと部下を捨てて江戸へ逃げ戻ってしまう。まもなくこれを追って新政府軍が襲来、慶応四年（一八六六）三月、江戸は完全に包囲され、新政府軍は総攻撃の準備をととのえた。

ここにおいて篤姫は、意外にも和宮と協力して、徳川家存続のために動き始めたのである。和宮は、朝廷に対し徳川家の存続を求める嘆願書をしたためた。書中で彼女は、「もし官軍が江戸城を攻めるのであれば、自分は徳川と命運をともにする」と記したのだ。皇女和宮のいる江戸城を攻撃できるのか、そういう脅《おど》しとも受け取れる強い口調であった。

一方篤姫は、新政府軍の最高司令官であった同郷薩摩の西郷隆盛《さいごうたかもり》らに、切々たる嘆願書を差し出した。同書で篤姫は、「私事、徳川家に嫁《か》し付候上は、当家の土となり候は勿論《もちろん》」と覚悟のほどを示し、「存命中、当家（徳川家）万々一之事出来候《しゅったいそうらえ》ては、地下において何の面目もこれなきと、日夜寝食も安んぜず、悲嘆いたしおり候心中のほどお察しくだされ」と苦衷《くちゅう》の胸のうちを訴えた。

ただ、敵前逃亡して徳川家を窮地に追い込んだ慶喜については、「当人（慶喜）は、いか様天罰仰せつけられ候ても是非に及ばざる事」つまり、慶喜はどうなってもかまわないと切り捨てたのである。

慶喜は将軍在任中、大奥の予算削減を断行したので、大奥女中からは憎まれていた。

ただ、おそらく篤姫の言葉は、徳川家を存亡の危機に追い込んだ、慶喜に対する憤《いきどお》りから来ているのではないかと思われる。

最終的に、新政府軍の西郷隆盛と幕府の勝海舟《かつかいしゅう》の直接会談によって、江戸城を無血開城することを条件に、江戸総攻撃は中止され、徳川家の存続も認められたが、この決定の背景には、今述べたように篤姫と和宮の尽力があることも忘れてはならない。

さて、その後の篤姫である。

彼女は江戸城が無血開城するのが決定したのち、駄々をこねて城から退去しようとしなかったのである。もし城を出たら、国元の薩摩へ送還されるだろうという噂が大奥を駆けめぐっていたからだ。

このわがままに困り果てた勝海舟は、みずから大奥へ出向いて篤姫に会見を申し入れた。

そして海舟が大奥の座敷へ入ると、なんと、懐剣を手にした奥女中たちが六人、ずらりと並んでいて、もし何か言えば自害するぞという気概を見せた。仕方なく海舟がそのまま待っていると、やがて奥女中のなかの一人がすっと前に進み出た。それが篤姫だったのである。

海舟は、江戸城から退去するよう篤姫を説得するが、篤姫が城を出るくらいなら自害するといって聞かない。そこで海舟は、「あなたが自害すれば私だってタダでは済みませんから、その横で腹を切ります。すると、他人はきっと、私とあなたが心中したのだと噂しますよ」、そう語ったのである。これには篤姫も吹き出し、一気に座がなごんだ。しかしながら、その日はついに説得に応じず、海舟は頑固な篤姫のために三日間大奥へ通いとおして、ようやく納得させたと伝えられる。じつはこの慶応四年四月が篤姫と勝海舟の初めての出会いであったといわれる。

江戸城を出た篤姫は一橋家の屋敷へ移り、さらに赤坂紀州邸を経《へ》て牛込戸山《うしごめとやま》の尾張邸、そして赤坂福吉町《ふくよしちょう》の屋敷に落ち着いた。

ちなみに江戸無血開城のとき、篤姫はまだ三十代前半であった。

どうやら彼女は勝海舟のことがひどく気に入った様子で、その後も互いに贈答品をやりとりするだけでなく、かなり頻繁《ひんぱん》に会っている。浅草の高級料理店である八百善《やおぜん》や向島《むこうじま》の柳屋《やなぎや》で食事をするだけでなく、吉原《よしわら》にも出かけていってどんちゃん騒ぎをしたようだ。

勝海舟の娘お逸《いつ》が篤姫の屋敷へ遊びに行って、篤姫にアイスクリームをつくってやっており、海舟と篤姫は家族ぐるみの付き合いであって、二人は決して男女のやましい関係ではなかったといいたいところなのだが、その海舟自身がのちに篤姫と屋形船で密会したと書いており、絶倫で愛人をたくさん抱えていた海舟のことである、篤姫と寝室をともにした可能性も否定できない。もちろん、これはあくまで私の想像だが……。

いずれにせよ、篤姫は息苦しい大奥から出て、勝海舟という男に世の中の楽しさ、男性と交際する面白さを教えてもらったと思われ、明治の世になってから、彼女は本当に充実した生を送ったのではないだろうか。

篤姫は明治十六年（一八八三）まで生きた。維新後は、諸道具の多くを側近の者たちに惜しげもなく与えてしまったので、かなり経済的には苦しかったようだが、薩摩藩が援助を申し出ても、自分は徳川の人間だからと、頑としてその申し出を受け入れなかった。彼女は晩年、徳川家を嗣《つ》いだ家達《いえさと》（亀之助）の教育に情熱を捧げた。そして、家達を海外へ留学させ、立派な人物に育て上げ、この世を去ったのである。

和宮《かずのみや》

政略結婚から手にした真実の愛

十四代将軍家茂正室

弘化三年（一八四六）～明治十年（一八七七）

婚家　徳川将軍家

初代の宗家当主は江戸幕府を開いた家康であり、慶長10年（1605）に三男の秀忠に将軍職を譲って第2代当主とした。秀忠は次男の家光（継室のお江と結婚する前に侍女に男子を生ませていたが、夭折している）に将軍職を譲って第3代当主とし、以後は兄弟間での争いをなくし、安定的政権に貢献すべく、長男が家督を継ぐという原則を定めた。

実家　天皇家

天皇は日本の歴代君主の称号。もともと、中国から取り入れた称号で、7世紀後半に成立したと考えられる。歴代天皇は、初代神武天皇から今上天皇（徳仁）まで、126代があげられる。ちなみに、天皇と皇族には姓がない（宮号は姓ではない）ため、「天皇家」という、一般的な意味での家は存在しないとする説もある。

和宮親子内親王（国立国会図書館蔵）

政略結婚の幼な妻

皇女和宮《かずのみや》は、孝明《こうめい》天皇の異母妹である。政略結婚の犠牲になった悲劇の女性として知られている。ただ、そう簡単に「悲劇の女性」と断定してしまうのは間違いだろう。確かに彼女は政争の具となり、いやいや江戸へくだって将軍の正室となったが、その結果は決して不幸だとは思えないからである。

そんな和宮の人生を見ていこう。

和宮は、弘化《こうか》三年（一八四六）に仁孝《にんこう》天皇と橋本経子《はしもとつねこ》（公卿橋本実久《さねひさ》の娘）の第八皇女として生まれた。だが、父の顔を知らなかった。経子が懐妊してまもなく崩御《ほうぎょ》してしまったからだ。やがて六歳になった和宮は、有栖川宮熾仁《ありすがわのみやたかひと》親王から文章の手ほどきを受けたが、兄である孝明天皇の意向により、この年、熾仁《たるひと》親王の長男熾仁親王（当時十七歳）の許嫁《いいなずけ》となった。

安政《あんせい》四年（一八五七）十二月、和宮は鉄漿始《かねはじめ》の儀をおこなっている。筆を水に浸《ひた》し、それを歯に塗る儀式だ。つまり、お歯黒のマネをするわけだ。大人になる儀礼の一つである。これを手始めに、いくつもの独特な儀式を経《へ》て、それから三年後の万延《まんえん》元年（一八六〇）に月見の儀をおこない、和宮は十五歳（満十四歳）で成人となった。

鉄漿始の儀をおこなった翌年の安政五年のこと、大老の井伊直弼《いいなおすけ》の寵臣《ちょうしん》である長野《ながの》主膳（しゅぜん）が、関白九条家（かんぱくくじょうけ）の家来島田左近（しまださこん）らとはかって、将軍と皇女の縁組みの実現に向けて工作を始め、やがてそれが次第に具体化していった。

当初、将軍のもとに降嫁《こうか》する皇女の候補として、孝明天皇の娘・富貴宮《ふきのみや》が想定された。だが、まもなく富貴宮が歿してしまい、それに代わって安政六年になると、天皇の妹である和宮が、将軍の御台所《みだいどころ》（正室）候補に浮上してきたのである。

この時期、井伊は強引に将軍候補者を紀州《きしゅう》藩主徳川慶福《とくがわよしとみ》（のちの将軍家茂《いえもち》）に定め、アメリカとの通商条約も、天皇の勅許《ちょっきょ》なく決定してしまう。

このため、一橋慶喜《ひとつばしよしのぶ》（水戸《みと》藩主徳川斉昭《なりあき》の七男）を将軍にしようとして敗れた一派（一橋派）が、朝廷と結びついて強く反発した。すると井伊は、一橋派の大名とその家臣たちに、断固たる処罰をおこなったのである。世にいう安政の大獄《たいごく》である。大獄では、朝廷からも処分者が出た。これにより、幕府と朝廷の関係は悪化してしまった。

朝廷は孝明天皇が大の攘夷《じょうい》主義者で開国に強く反対してきたことから、ペリー来航以後、大いに人々の支持を集め、その存在感を高めつつあった。そこで、幕朝関係を改善しようとした幕閣は、公武融和の一環として将軍と皇女の縁組みを進め始めたのである。

ところが、である。

そんな矢先の翌安政七年三月三日、井伊直弼が水戸浪士らの襲撃を受け、桜田門外《さくらだもんがい》であっけなく暗殺されてしまったのだ。この事件により、幕府の権威は失墜した。勤王《きんのう》の志士たちは、急進派の公家と結んで朝廷を牛耳り、これを動かして幕府に攘夷を決行させようとし、場合によっては、勢いに乗って幕府を倒してしまおうとさえ、もくろみ始めた。

こうした動きに危機感を覚えた老中の安藤信正《あんどうのぶまさ》らは、権威を高めた朝廷と結びついて政権を安定させようと、公武合体《こうぶがったい》運動を展開。その象徴として、将軍家茂への和宮の降嫁をいっそう強く進めた。

幕府は京都所司代《きょうとしょしだい》の酒井忠義《さかいただあき》を通じて、関白九条尚忠《かんぱくくじょうひさただ》へ「和宮と有栖川宮の婚約を解消させ、和宮の江戸への降嫁が実現するよう尽力していただきたい」と強く要望した。尚忠はこの無謀な依頼に閉口しながらも、忠義があまりに強く依願するので、ついに万延元年五月一日、孝明天皇にこの旨《むね》を奏上した。

これに対して孝明天皇は、「すでに二人は婚約しているので、今さら破談にはできない。それに、和宮は妹といっても異母妹であり、我が娘ではないので、自分の思うとおりにはできない。そのうえ彼女はまだ少女なので、関東の地を恐れている」と拒否した。

しかし幕府はあきらめず、その後、何度も和宮降嫁を朝廷に奏請《そうせい》する。

さらに、裏ルートを通じて幕府は、和宮の生母観行院《かんぎょういん》（橋本経子）や和宮の伯父橋本実麗《さねあきら》などと接触をはかった。具体的には、十二代将軍家慶《いえよし》の上臈年寄《じょうろうとしより》であった勝光院《しょうこういん》（観行院の叔母）に彼らを説得させようとしたのだ。勝光院は手紙で脅《おど》したり、すかしたりしつつ、巧みに彼らが和宮の降嫁に同意するよう圧力をかけた。このため、観行院と実麗の心も揺らぎ始めた。

孝明天皇宸影（東京国立博物館蔵）

孝明天皇の信頼の厚い近習《きんじゅ》の岩《いわ》倉具視《くらともみ》も、天皇に和宮の降嫁を進めることで、朝廷は権威を高め、天皇の望みである攘夷の実行が可能になると入説《にゅうぜい》した。

ここにおいて孝明天皇の心も翻《ひるがえ》り、攘夷の決行と引き替えに和宮降嫁に賛成するようになった。

さらに文久《ぶんきゅう》元年（一八六一）七

月、「今後七年から十年以内に外国との外交を断絶する」と幕府が約束すると、孝明天皇は和宮の降嫁を決意し、本人に対してその旨を打診したのだった。

ところが和宮は、「恐れ入りますが、何とぞ、今回のことはお断りさせてください。御上《おかみ》（孝明天皇）のお側を離れ、はるばる関東に参るのはまことに心細く、何とぞこの気持ちをお察しください」と固辞したのである。

実母の観行院も天皇の意向を受けて、和宮を翻意《ほんい》させようとしたが、その気持ちを変えることはできなかった。

娘の気持ちは痛いほどわかったので、以後は観行院も「和宮は、本当に江戸へ行くのが嫌なご様子です。私も攘夷を決行してからの下向《げこう》でしたら、もっとお勧めできるのですが、そうでなければこれ以上、彼女に勧めることはできません」という書を提出したのである。

これに対して孝明天皇は、「すでに和宮降嫁を了承してしまったので、これが実現できなければ、信義を失うことになる」と悩み、和宮の代わりに生まれたばかりの自分の娘寿万宮《すまのみや》を家茂へ嫁がせようとさえ思いつめた。そして、もしそれができなければ、いさぎよく譲位すると決めた。

一方で、和宮の頑固さも腹立たしく思っていたようで、「彼女を尼《あま》として林丘寺《りんきゆうじ》に入れよう」と考えたり、「和宮降嫁に反対する観行院と橋本実麗を幕府に申し入れて処罰してくれる」と九条尚忠に述べたりするようになった。

和宮は、孝明天皇の怒りと、親族が処罰されるかもしれないという状況を乳母《うば》（御乳人《おちのひと》）の田中絵島《たなかえじま》から知らされた。じつはこの絵島も、和宮説得役の一人であり、やはり彼女も脅かされ、無理やり説得工作を引き受けさせられていた。

いずれにせよ、天皇の気持ちを知った和宮は、苦悩したすえ「御いやさまの御事なから、御上の御為と思召《おぼしめし》、関東へ成らせられ候」と奏上して、ようやく降嫁を承諾したのだった。

ただ、篤《あつ》姫の項目で述べたように、「父仁孝天皇の十七回忌には京都に上洛させよ。以後、毎年上洛することを認めよ。大奥では、すべて御所の風儀（京風）で通させよ」などさまざまな条件をつけたのである。孝明天皇はそれを了解し、幕府にそのことを通達した。

幕府はその諸条件を承諾し、年内十一月までの和宮の下向を求めてきた。けれど和宮は、「そんなに早くは無理です」ときっぱり拒否した。

困った天皇は、「やはり和宮ではなく、寿万宮に変えよう」と考え直し、京都所司代の酒井忠義に打診してみたが、忠義は「今さら、そんなことは言えません」と老中に伝えることを拒んだのだった。そこで仕方なく、天皇はふたたび関係者に圧力をかけ、和宮に翌年春の下向を承知させたのだ。

さすがに孝明天皇も、嫌がる妹にごり押しすることに心が痛んだのだろう。彼女に対してなぐさめの手紙を送った。

対して和宮は、

「御上にもかれこれ御心配遊ばし戴《いただ》き　御あつき思召様《おぼしめしよう》の程　段々伺ひ　誠に恐れ入りまいらせ候まゝ　天下泰平の為め　誠にいや〳〵の事　余儀なく御うけ申上候事におわしまし候（中略）また下向いたし遠方とて御兄だいの御中御きりあそばされ候御事はあらせられず　御杖になり戴き参らせ候よし　御厚き思召迄　深く辱《かたじけな》りまいらせ候」（辻ミチ子著『和宮―後世まで清き名を残したく候』ミネルヴァ書房）

と本音を吐露したのである。

ところが、十一月、またも情勢が変化する。

孝明天皇は、幕府が多くの外国と通商条約を結んだことを知り、激怒して和宮降嫁の破談を表明したのだ。

これを知って喜んだのは和宮である。ただちに天皇に手紙を送り、「どうか破談にしていただきたい。重ねてお頼み申します」と何度も懇願《こんがん》したのだった。

だが、天皇の発言に驚いた酒井忠義や九条尚忠らが必死に説得したことで、天皇はまたも前言を翻したのである。

かくして、翌文久元年十月、和宮は江戸へくだることになった。

幕府はこのとき三十藩を動員して総勢一万五千人の花嫁行列を仕立て、京都から中《なか》山《せん》道を東下させ、江戸までの大パレードを繰り広げた。行列の長さはなんと五十キロ近くになったという。もちろん、幕府の権威を天下に示すためのデモンストレーションである。

だが、そんな盛大なパレードのヒロインであったにもかかわらず、和宮の心は、まったく晴れなかった。

「すみなれし都路出で今日幾日　いそく（急ぐ）もつらきあつまち（東路）の旅」

「落ちていく身と知りながら紅葉はの　人なつかしくこかれ（焦がれ）こそすれ」

「惜しましな君と民とのためならは　身は武蔵野の露と消ゆとも」

（『静寛院宮御詠草』長澤美津編『女人和歌大系 第三巻』風間書房）

和宮が道中で詠《よ》んだ歌である。

まだ、彼女は有栖川宮への想いを断ち切れてはいなかったのかもしれない。ただ、天皇のため、国家のため、自分が犠牲になる覚悟はできていたことがわかる。

孤立する妻を守る夫

翌文久二年（一八六二）二月十一日、将軍家茂と和宮は正式に婚礼の儀をあげた。ともに十七歳であった。今でいえば、高校生カップルといえよう。

徳川家茂は、御三家の紀州家から十四代将軍になった人物で、若年ながら非常に聡明で、幕末の難局をそつなくこなす政治的手腕を期待され、幕閣での評判もなかなかであった。

人間的にも思いやりが深く、あの辛辣《しんらつ》な勝海舟《かつかいしゅう》もその人格を絶賛している。

和宮にとって、夫の家茂がそういう人物であったことは、不幸中の幸いといえた。

家茂の優しさに、和宮は、本気でこの若者を愛し始めていった。

二人の仲むつまじさは、側近の記録にも残っている。

家茂は、時間を見ては大奥の和宮と会って雑談を交わし、珍しい金魚やべっ甲のかんざしなどいろいろなものをプレゼントし、和宮のほうも、家茂が好きな菓子をたび差し入れたという。よく和宮は、城内の馬場で乗馬をしている家茂の姿を愛《いと》おしそうに高台から見つめていたという話も残る。

けれど、平穏な日々は長続きしなかった。

世間では尊王《そんのう》攘夷の嵐が吹き荒れ、日に日に幕府は弱体化していった。

婚礼直前の文久二年正月には、和宮降嫁を「天皇の妹を人質にとって朝廷や天皇に圧力をかけようとしている」と非難する水戸浪士らによって、老中の安藤信正が坂下《さかした》門外《もんがい》で襲われた。これにより安藤は失脚し、さらに、幕府の権威は低下した。

その後、公武合体派の島津久光《しまづひさみつ》（薩摩《さつま》藩主忠義《ただよし》の実父）が、勅使大原重徳《ちょくしおおはらしげとみ》を奉じ、兵千人を引き連れ江戸にやってきて、幕府に対して改革を求めた。

幕府はその要求を受け入れたが、外様《とざま》大名の藩主でもない人物が、軍勢を連れて江戸に来て、幕府に改革を求めることができるくらい、幕府の力は弱まったことがわかるだろう。

こうして幕府は文久の改革を始めたが、その時期、すでに政治の中心は江戸ではなく、天皇のいる京都へと移りつつあった。参勤交代を緩和された諸藩の藩主たちも、京都の京屋敷（藩邸）にたびたび滞在するようになった。

そして同年、孝明天皇が大の異人嫌いであるのをよいことに、尊王攘夷をかかげる長州《ちょうしゅう》藩の志士たちが、公武合体派の薩摩藩らを抑え、朝廷内での主導権を奪ってしまった。以後、長州藩は朝廷を陰で動かし、幕府に対して将軍家茂の上洛と攘夷の決行をしつこく迫るようになった。

幕府は仕方なくその要求に屈し、文久三年三月四日、将軍家茂は、京都二条城に入った。将軍の上洛は、実に三代将軍家光《いえみつ》以来二百二十九年ぶりの出来事であった。

三月五日、将軍家茂の名代《みようだい》として将軍後見職の一橋慶喜が朝廷に参内《さんだい》した。

一橋慶喜は、かつて家茂と将軍の地位を争ったライバルで、安政の大獄で謹慎させられていたが、文久の改革で復権し、将軍後見職に就任。そして家茂の上洛に先駆けて京都に来て、朝廷と交渉にあたっていたのだ。二十代後半の若者だが、頭脳明晰で交渉力にも長《た》けていた。このとき、朝廷は「政務はこれまでどおり幕府に委任するので、攘夷について協力せよ」と勅命を発し、七日に拝謁《はいえつ》に来た将軍家茂に孝明天皇は、「攘夷に関しては、朝廷が直接諸藩に命令を下すこともありうる」と宣した。

朝廷が政治に口を出すことは、幕府の発令した禁中並公家諸法度《きんちゆうならびにくげしよはつと》によって、固く禁じられていた。これは、そうした規則を平然と無視する発言であり、いかに幕府が軽んじられていたかがわかる。さらに十一日には、なんと攘夷祈願のために加茂社《かもしや》へ行幸《ぎようこう》した孝明天皇に、将軍家茂も随行させられたのである。

幕府の要職にある一橋慶喜、松平春嶽《まつだいらしゆんがく》（慶永《よしなが》・福井《ふくい》藩主）、松平容保《かたもり》（会津《あいづ》藩主）は、いずれも公武合体派であり、これを助ける島津久光、土佐《とさ》藩の山内容堂《やまうちようどう》（豊信《とよしげ》）、宇和島《うわじま》藩主伊達宗城《だてむねなり》なども、何とか尊攘派の勢いを抑えようと京都で話し合いをもったが、その勢力はいかんともしがたく、春嶽、久光、容堂、宗城らは、次々と京都から国元へ戻った。春嶽などは、幕府の政事総裁職《せいじそうさいしょく》（最高職）を放り出して、無断で福井に戻ってしまっている。

公武合体派諸侯が散ってしまったことは、ますます尊攘派に油を注ぐ結果となり、四月十一日には、石清水八幡宮《いわしみずはちまんぐう》へ攘夷祈願の行幸がおこなわれた。さすがにこのおりは、病気を理由に将軍家茂は供を固辞したが、この月の二十日、ついに朝廷の圧力に耐えかね、攘夷決行の期日を五月十日と天皇に奉答してしまう。

長州藩は、この命令に従って、下関海峡を通過する外国船を砲撃した。

まもなく家茂が江戸に戻ったあとも、慶喜は京都に残り、孝明天皇をはじめとする親幕派の公家から頼りにされ、元治《げんじ》元年（一八六四）、朝廷から禁裏御守衛《きんりごしゅえい》総督に任命された。文字どおり、朝廷を守護する責任者といってよい。しかしながら、こうした慶喜の朝廷からの厚遇と、京都における勢力の増大は、遠く江戸にある保守派老中たちの疑念を大きくすることになった。「慶喜は、天皇を奉じて幕府に反旗を翻し、天皇を中心とした新政権を樹立し、そのリーダーにつこうとしている」と危惧する声もあった。

このまま慶喜を上方《かみがた》に野放しにしておくのは危ないと判断した保守派老中阿部正外《あべまさと》と本庄宗秀《ほんじょうむねひで》は、慶応《けいおう》元年（一八六五）二月、大軍を率いて上洛し、将軍の命だとして慶喜に江戸帰還を指示した。が、なんと慶喜はこれを拒絶したのである。だけでなく、親密にしている朝廷へ裏から手を回したのだ。その結果、阿部と本庄はにわかに参内を命じられ、関白二条斉敬《かんぱくにじょうなりゆき》より、「慶喜公は将軍家茂に代わって京都の地を守護している。それを突然帰府せよというのは解《げ》せぬ。朝廷としては、認めることはできない。それにお前たち、事前の通告もなしに無断で大軍を都に引き入れるとはどういう了見か。無礼ではないか！」と激しい叱責を受けたのである。そのため、老中らはうなだれて江戸へ引き返していった。朝廷の権威を背景にした一橋慶喜の力は、すでに江戸の老中たちの想像以上に強大なものとなっていた。

当時、世間の人々は「幕府には将軍が二人いる」と戯《たわむ》れた。一人は江戸城に住む家茂、もう一人は、いうまでもなく京都にいる一橋慶喜のことであった。

京風と江戸風の相克

さて、和宮である。

すでに篤姫の項で述べたとおり、大奥の篤姫や老女などの江戸風を尊ぶ人々との間に、確執がおこっていた。万事、京風で進めるという約束は反古《ほご》にされ、和宮とそのお付きの女性たちは非常に腹立たしい思いをさせられていた。

文久三年（一八六三）八月十八日、公武合体派の会津藩、薩摩藩そして一橋慶喜らは、朝廷の公武合体派公家たちと結び、クーデターを決行して尊攘派公家と長州藩を中心とする志士たちを朝廷から駆逐《くちく》した。世にいう八月十八日の政変である。もちろんクーデターには孝明天皇も事前に同意していた。攘夷主義者だった天皇だが、過激な攘夷や倒幕は考えていなかった。

これにより権威を回復させた幕府だったが、朝廷の威勢がおとろえたわけではない。八月二十八日、孝明天皇は将軍家茂に上洛を命じたのである。

和宮は一日も早い家茂の帰りを祈り、お百度を踏むとともに朝廷に家茂を早く返してくれるよう要請した。そして、家茂本人に疫病よけや長寿を願うお守りを渡したのだ。けなげな幼な妻である。

家茂は十二月に京都へ旅立ち、翌元治元年（一八六四）五月に無事に江戸に戻った。翌月になると、和宮は体調を崩してしまう。胸がむかつき、七月にはえずくようになったといい、「これは妊娠に違いない」、そう医師は診断した。そこでお付きの女官庭田嗣子《にわたつぐこ》は、妊娠五か月で腹帯をつける帯親、生まれた赤子のへその緒を切る役人をどうしたらよいかを尋《たず》ねた。このため、妊娠の噂は広まってしまった。しかし、結局はおめでたではなく、単なる体調不良だった。もしかしたら、想像妊娠だったのかもしれない。

　結婚して二年経っても子供に恵まれない和宮、幕府にとって将軍に後継者ができないことは大問題であった。このため、老中から「妊娠できる女性を代わりに探すように」という申し入れがあった。

　今ではとうてい、考えられないことであり、和宮にとってはむごい話だと思うかもしれない。だが、今とは常識が違うのである。もちろん、嬉しい気はしないだろうが、和宮本人はそれほどショックでもなかったはずだ。正室に子ができなければ、側室をもらうのは当時の大名や貴族の常識だったからだ。

　ただ驚くべきは、和宮が夫家茂とともに、その人選にあたっていることであろう。大奥では、十二代将軍家慶の時代に仕えていた滝島《たきしま》という老女の親戚にあたる十六歳の「てふ」という少女を連れてきた。この少女がやってきたとき、家茂と和宮は密かに遠くから見て、彼女を吟味《ぎんみ》していたのである。

　結果、二人は「この子は小柄すぎる」といって不合格にしたという。そこで別の女性を探すことになったのだが、なかなかよい人が見つからなかった。

　幕府としては、翌年中には世継ぎを得たいと考えており、結局、「てふ」がお側付きの女性に決まった。しかし家茂は、なかなか彼女を召そうとしなかった。好みの夕

「和宮と家茂の婚礼」（国立国会図書館蔵『千代田之大奥』より）
大奥の生活を四季を通して描写した画帖『千代田之大奥』。40題あまりのテーマで記される。画面左の白無垢姿の女性が和宮、右の裃姿の男性が家茂である

イプではなかったのだろうか。

翌慶応元年（一八六五）五月十五日、ようやく家茂は「てふ」を召して同衾《どうきん》した。じつは翌日、家茂は上洛することになっていた。今度の上洛は、長州征討の件もあり、長丁場になりそうなので、「何としても彼女と一晩を過ごしてほしい」、そう幕閣や大奥の年寄たちが泣きついたのかもしれない。だが、「てふ」と家茂が過ごしたのは、この一晩だけだった。

翌朝、家茂は和宮としばらく歓談してから、上洛の旅に出た。けれど、これが和宮が見た家茂の、生前最後の姿となった。

愛が芽生えた夫の急死

家茂の上洛途上、慶喜が家茂の暗殺を企

んでいるという流言が広がり、将軍の側近らはその警戒に神経をとがらせた。

関東にいると、上方や西国で起こっている時勢の大きな変革を肌で感じることは難しいようだ。それにしても幕閣はあまりに呑気《のんき》すぎた。大坂城において、幕府の老中らはまじめに長州征討について論じ合おうとしなかった。

「将軍がわざわざ大坂まで来臨したのだから、長州藩は恐れをなしてみずから降伏してくるに違いない」

そう思って安心し切っていたのである。このように幕閣が無為なときを過ごしていた慶応元年（一八六五）九月、まったく予想しなかった方向から驚嘆すべき事態が飛び込んでくる。

英・仏・蘭・米四か国の公使が艦隊を率いてにわかに兵庫に入港し、「幕府が一八六三年に開港を確約した兵庫がいつまで経っても開かないのはどういうわけだ。また、いつになったら修好通商条約の勅許がおりるのか。幕府は本当に約束を守る気があるのか。もし、勅許と開港の承諾をすぐに得られぬというなら、自分たちが直接京都へ赴《おもむ》いて朝廷と直談判する」、そう通告してきたのである。恫喝《どうかつ》であった。もしそんなことになれば、全国政権としての幕府の存在価値は消失してしまう。倒幕派は一気に勢いづくだろう。

幕府の威信にかけても、それだけはやめさせねばならなかった。そこで、老中阿部正外と松前崇広《まつまえたかひろ》は、将軍家茂の承認を得て、幕府独断で兵庫開港を決めたのである。大坂にやってきた慶喜は、その決定を知って、「そんなことをすれば天皇の心証を悪くし、幕朝間に大きな亀裂が入る。諸藩も納得せず、大混乱が起こるのは必至《ひっし》。まずは、朝廷の説得に全力を尽くして勅許を得ることが先決である」、そう強硬に反対した。

ところが、阿部と松前は時間のないことを理由に決定を変えようとせず、両者の間に長時間の激論が交わされた。両者とも意地になっていたのだろう。この激突を目の当たりにした将軍家茂は、自分が最高権力者の地位にありながら、何もできない無力さに「もう勝手にしてくれ」としきりに無念の涙を流したという。結局、若年寄の立《たち》花種恭《ばなたねゆき》が列国公使から十日の猶予《ゆうよ》を取りつけてきたことで、将軍家茂が直接上洛して朝廷に勅許を仰《あお》ぐことに決まり、その予備交渉のため、慶喜はただちに大坂城を発《た》って京都へ向かった。

だが、慶喜が去ったあと、ふたたび幕閣の空気が変わり、将軍はいつまで経っても上洛の様子を見せなかった。違約に激怒した慶喜は、阿部・松前を幕閣から除こうと、朝廷に巧みな工作をおこなって、「両人を罷免《ひめん》する」という朝旨《ちょうし》を将軍家茂へ出さしめたのである。天皇が老中の免職を命ずるのは開幕以来の出来事だった。当然、幕府の役人の任免権は将軍にある。どう考えても朝廷の越権行為だ。ここまで慶喜にコケにされては、温厚篤実《とくじつ》と言われた青年家茂も怒りに震えた。

家茂はなんと、朝廷に将軍辞職願いを提出するや、すぐさま大坂城を捨てて江戸へ向かい始めたのである。辞職願いを朝廷へ差し出した将軍は前代未聞だった。なおかつ家茂は、「次期将軍に一橋慶喜を推薦する」という推薦状まで添えたのだった。これは家茂の、老中罷免に対する朝廷への抗議行動であり、同時に慶喜に対する最大の嫌味だった。

事態を知って慶喜は死ぬほど驚き、ただちに将軍のあとを追い、ようやく伏見《ふしみ》で追いつくや、「必ず自分が勅許を得てくるから、どうか辞職だけは思いとどまっていただきたい」と家茂に懇願した。その哀願に免じて家茂は東下を中止し、大坂城に引き返した。

結果的に兵庫の開港については朝廷の承諾を得られなかったが、慶喜は公家たちを脅したり、すかしたりして、日米修好通商条約の勅許を得ることに成功する。この成果は、慶喜の名声をさらに高めることになった。

江戸の和宮は夫の無事を祈って、お百度を踏んでいたが、勅許が出たことを知って衝撃を受けた。「自分が嫌々ながら武蔵野の地で果てる覚悟で江戸に来たのは、攘夷を実現させるためではなかったか。なぜ、慶喜は強引に勅許を得たのか」という怒りに震えた。

翌慶応二年六月、ついに幕府の大軍が長州藩へ攻め込んだ。家茂は大坂城にいたが、戦況ははかばかしくなく、敗報が続々と入ってきた。

そんな七月二十日、大坂城において家茂は急死する。征討の最中の死であったため、幕府にとってはたいへんゆゆしき事態だといえた。しかも、まもなく家茂の急死に関して奇妙な噂が流れ始める。前将軍後見職で、禁裏御守衛総督の任にあった一橋慶喜が毒殺したというものだ。

だが、家茂の死因は、脚気衝心《かっけしょうしん》（心不全）だったと侍医は診断している。脚気は贅沢《ぜいたく》病とも呼ばれた。裕福な人々に多発したからである。その原因は主食にあった。精米したご飯を主食にできる者は、この時代にあってはかなり裕福な層だった。白米は精米の過程で玄米に多く含まれるビタミンBが削《そ》げ落ちてしまう。そのため、富裕層に脚気で死ぬ人が多く出たのである。

すでに四月から家茂は胸痛に悩まされ、六月になると、なかなか食事がとれなくなった。これを聞いて和宮は非常に心配し、湯島の霊雲寺《れいうんじ》に祈禱《きとう》を命じるとともに、侍

徳川家茂（徳川記念財団蔵）
大奥で孤立する和宮を守った14代将軍。わずか4年の結婚生活だった

医を蘭方医から漢方医に替えるように指示し、医師三名を江戸から船で大坂へ派遣した。

七月十九日に和宮のもとに家茂の状況報告書が届いた。今のところ便通もあり、落ち着いているということだったが、それから一週間後、あっけなく死去してしまう。

おそらく家茂は、最後は脳症を発症し、急性心不全で絶命したのだろう。その症状は、毒を盛られたようにも見えなくもない。そこで毒殺説が流れ、家茂と氷解しがたい長年の確執があった慶喜の犯行が疑われたのだろう。

死後、和宮のもとには「家茂危篤《きとく》」という知らせが届き、二十五日に死去の報が伝わった。和宮はお百度詣《もう》でをやめ、自分の髪の毛を棺《ひつぎ》に納めるよう伝えた。

九月六日、家茂の遺骸は江戸城に到着した。遺体を土葬にするか火葬にするかで、問い合わせがあり、和宮は土葬にすることを求めた。ただ、この頃より精神的なショックからか、夜になると、胸が苦しくなって息が詰まるようになり、お付きの女性たちがたいへん心配している。

城内表《おもて》の御座之間《ござのま》上段に棺が安置された。

拝礼に来た和宮は、家茂の側近から西陣の織物を手渡された。それは、大坂へ出立の間際、和宮がお土産にと夫にねだったものだった。家茂は病中にあってもそれを忘れていなかったのである。和宮は号泣したという。

「空蟬《うつせみ》の　唐織《からおり》ころもなにかせん　綾《あや》も錦《にしき》もきみ（君）ありてこそ」

彼女がそのときに詠んだ歌である。

朝廷では家茂歿後、和宮に対して帰京するように勧める者もあったが、彼女はこれを拒んでそのまま江戸城に残った。

将軍の助命嘆願書

慶応二年（一八六六）十二月、夫が死去したことで、和宮は剃髪《ていはつ》して静寛院宮《せいかんいんのみや》と称することになった。ただ、彼女はそのまま江戸城西の丸に住むことになった。

この頃、和宮のもとに孝明天皇が天然痘《てんねんとう》（疱瘡《ほうそう》）を患《わずら》っているという知らせが届いたが、翌年正月に危篤《きとく》となったという報が入り、翌日、すでに前年十二月二十五日に崩御していた旨の知らせが届いた。倒幕派の岩倉具視や大久保利通《おおくぼとしみち》らに毒殺されたのではないかという説もある。天皇は攘夷主義者であったが、幕府あっての朝廷だと考えており、倒幕派にとっては邪魔な存在だったからだ。

一方、将軍になった慶喜にとって、天皇を失ったことは大きな痛手となった。結局、倒幕の動きが活発化したことで、慶喜は慶応三年十月、朝廷に政権を返上した。大政《たいせい》奉還《ほうかん》である。だが、それから二か月後、薩長《さっちょう》ら倒幕派は明治天皇を奉じて朝廷でクーデターを起こして王政復古《おうせいふっこ》の大号令を出し、新政権を樹立した。そしてその夜、慶喜に対して辞官納地《じかんのうち》（内大臣の免職と領地の返上）を決定したのである。慶喜は、その決定を知ると、幕臣たちを引き連れ、静かに京都二条城から大坂城へ撤退し、事態を静観した。この間、土佐《とさ》藩や福井藩など新政府穏健派の工作により、慶喜が新政府の盟主になることがほぼ確実になった。

ところが、江戸で薩摩藩が浪人を雇って治安を乱したため、激怒した佐幕《さばく》派の人々が三田《みた》の薩摩屋敷を焼き打ちした。これを知った大坂城の幕臣や佐幕派の人々が激昂《げっこう》、慶喜はこれを抑え切れなくなり、ついに京都への進軍を認めてしまった。

こうして慶応四年正月、鳥羽《とば》・伏見の戦いが起こるが、戦いは旧幕府軍の敗北となり、慶喜は大坂城から江戸に逃げ帰ってくる。それを追って新政府軍が江戸へ向けて東下を開始する。そんな新政府軍の総大将（大総督）となったのが、和宮のかつての婚約者・有栖川宮熾仁親王だったのである。

和宮は複雑な心境だったに違いない。しかしながらこのままいけば、江戸の町が新政府軍の砲撃にさらされて火の海と化し、徳川家の滅亡も必然的な状況だった。

ここにおいて和宮は、天璋院《てんしょういん》篤姫と相談して朝廷に対して徳川家の存続を求める嘆願書を提出した。その文言はすでに篤姫の項で紹介したとおりだ。

さらに和宮は、朝廷に次のような書状を出した。「慶喜が京都にいたとき、不慮の戦争が起こり、朝敵の汚名を被《こうむ》り、江戸に戻ってまいりました。朝廷は徳川を討伐するため軍を差し向けたと承り、当家の浮沈はこのときだと心を痛めております。どのような事態が起こっているのかわかりかねますが、慶喜の不届きさは十分承知しております。慶喜はどうなってもかまいません。ただ、何とぞ、徳川の家名が成り立つよう、お願いいたします。当家が汚名を被ることは、私自身にとっても残念なことです。私の命に代えてもお願いいたします。どうしても江戸城を攻めるというのであれば、自分は徳川と命運をともにする覚悟をしております」と伝えた。「皇女和宮のいる江戸城を攻撃できるのか」、そういう脅しとも受け取れる決意を表明したのである。

最終的に、新政府軍の西郷隆盛《さいごうたかもり》と徳川家の勝海舟の会談によって、江戸城攻撃は中止され、徳川家の存続も認められたので、江戸無血開城をすべてこの二人の功績だととらえてしまいがちだが、和宮の尽力も決して小さいものではなかったといえるだろう。

勝海舟（福井市立郷土歴史博物館蔵）
徳川家処分の軽減における和宮の功は、誰より明らかであり、海舟も一目置いていたようだ。和宮が湯治していた箱根の「環翠楼」に碑が建っており、海舟が詠んだ追悼句が刻まれている

明治の世を迎えてからの和宮の余生は、それほど長いものではなかった。

和宮は、江戸城明け渡しの二日前、慶応四年（一八六八）四月九日に城から出て、御三卿《ごさんきょう》の清水屋敷に赴いた。そして翌年、上洛勧告に応じて懐かしき京都へ戻ったのである。京都では聖護院《しょうごいん》を居所とした。ただ、明治天皇をはじめ皇族が東京（江戸）へ奠都《てんと》してしまったこともあり、明治七年にふたたび江戸へ立ちかえり、東京麻布《あざぶ》の閑静な屋敷で、歌道や雅楽《ががく》などにいそしみながら静かに暮らした。

また、徳川の人々とも交際し、あのライバルであった篤姫を自宅に招いたり、徳川家の跡継ぎになった徳川家達《いえさと》邸を訪ねたりしている。なお、明治になってから和宮は日記（『静寛院宮御日記』）を書き始め、それが今も宮内庁書陵部《くないちょうしょりょうぶ》に保管されている。

明治十年（一八七七）八月に脚気を患い、箱根に湯治に出かけたが、そこで心臓発作を起こし、九月二日に三十二歳の生涯を閉じた。

遺骸は芝増上寺《しばぞうじょうじ》に葬られたが、生前の希望によって、墓は家茂の隣に置かれた。今でも増上寺には二人の墓が仲よく並んでいる。

コラム

名誉回復のために乞われた王女

十六代彦根藩主井伊直憲正室　宜子《よしこ》

嘉永四年（一八五一）～明治二十八年（一八九五）

彦根《ひこね》藩主井伊直弼《いいなおすけ》は、大老になると、将軍家定《いえさだ》の跡継ぎを紀州《きしゅう》藩主徳川慶福《とくがわよしとみ》に決め、さらに孝明《こうめい》天皇の勅許《ちょっきょ》を得ずに日米修好通商条約を結んでしまった。

この強引さに激怒した一橋《ひとつばし》派（一橋慶喜《よしのぶ》を将軍後継者にしようとした大名たち）は激しく反発する。すると直弼は、彼らとその家臣たちを次々と弾圧していったのである（安政《あんせい》の大獄《たいごく》）。

処罰を受けた水戸《みと》藩主徳川斉昭《なりあき》の家臣たちはこれに激怒し、脱藩して直弼の登城を桜田門《さくらだもん》外《がい》で待ち受け、暗殺したのである。

このおり、直弼の首はいったん刺客《しかく》が持ち去るが、その後、井伊家が何とか取り戻し、首と胴体を縫合《ほうごう》し、なんと、まだ生きていることにしたのである。それは家名の存続のためだった。簡単に殺されたとあっては、場合によっては御家断《おいえだん》絶《ぜつ》になってしまう。

ただ、この措置《そち》は井伊家のほうから望んだものではない。意外にも幕府の配慮だった。

じつは、主君が殺された井伊家では、家臣のみならず奥女中までもが武装し、水戸藩邸に攻め入って仇《あだ》を討とうと動き出したのだ。水戸藩のほうでも報復を想定して臨戦態勢をととのえた。もし、江戸市中で両藩が戦争を起こしたら一大事。そこで幕府は井伊家の慰撫《いぶ》につとめ、直弼が病に倒れたこととし、三月十日に直弼の子直憲《なおのり》の家督相続を認め、穏便に解決をはかろうとしたのだ。直憲はまだ十三歳であった。

さらに桜田門外の変から二十七日後の三月三十日、直弼は病気を理由に大老を辞職した。すでに死んでいるのに、まだ生きていることになっており、将軍からは病気見舞いとして氷砂糖や鮮魚が贈られている。翌月の閏《うるう》三月二十五日、危篤《きとく》になったという理由で、将軍は直弼のもとに奥医師を派遣。そして同二十八日、公式に直弼の喪《も》が発表されたのである。

それから二年半後の文久《ぶんきゅう》二年（一八六二）、一橋派の松平春嶽《まつだいらしゅんがく》（慶永《よしなが》）、一橋

桜田門外之変図【部分】（茨城県立図書館蔵）
結局、事件は幕府内部の抗争であり、譜代の雄藩であった彦根藩にとって、時代の転換点を前に幕府を見限る契機となった

井伊直憲（彦根城博物館蔵）
彦根藩は直憲の代に前藩主直弼の責任をとらされるかたちで、減封されている。そのようななか、譜代筆頭でありながら勤王の意思を早い段階で明確にした。その後、明治の世になり、直憲は皇族を妻に迎えた

彦根城（彦根市立図書館蔵）
維新後に公布された廃城令により彦根城でも解体工事が進むなか、明治天皇の北陸巡幸に随行した大隈重信が、往時の面影が残る城の消失を惜しみ、天皇に保存を奉上したといわれている

井伊宜子の墓（豪徳寺／東京都世田谷区）
彦根藩2代藩主の井伊直孝が、豪徳寺の猫の手招きにより雷雨の難を免れたという言い伝えがあり、井伊家の菩提寺となる。寺号は直孝の戒名「久昌院殿豪徳天英居士」による

慶喜らが幕政を握ると、井伊家に対して十万石の減封が命じられたのである。明らかに一橋派の報復であった。

そうしたこともあって、井伊家では幕府や京都の一橋派と距離を置き、藩内では勤王《きんのう》（尊王《そんのう》）派が力をもつようになる。このため、慶応《けいおう》三年（一八六七）十二月に新政府が樹立されると、彦根藩はいち早く支持を表明し、戊辰《ぼしん》戦争では新政府軍の東山道の先鋒《せんぽう》となった。なお、直憲は翌明治元年八月に京都へ入り、朝廷の警備にあたった。

明治元年（一八六八）十二月、直憲は宜子《よしこ》と結納《ゆいのう》を交わした。宜子は有栖川宮《ありすがわのみや》幟仁《たかひと》親王の三女であり、和宮のフィアンセだった熾仁《たるひと》親王の妹にあたる。宜子は嘉永《かえい》四年（一八五一）の生まれだから、このとき十八歳だった。

直弼はかつて、孝明天皇の意向を無視して通商条約を結び、朝廷との関係を悪化させたので、この結婚は井伊家が朝廷の信頼を取り戻した証拠でもあった。

翌明治二年二月、宜子は京都から彦根に輿入《こしい》れした。婚儀は二十三日に挙行されたが、当日使用された調度品は、現在も井伊家に現存する。

宜子は明治四年九月に弘太郎《こうたろう》を生んだが、廃藩置県により彦根から東京へ移ることになった。このおり弘太郎も伴ったが、乳児には辛い旅だったのか、十二月、生後三か月足らずで亡くなってしまった。さらに翌年、直憲は欧米へ留学してしまう。きっと宜子にとっては寂しい東京暮らしだったろう。

それからおよそ十年間、直憲・宜子夫妻は子供に恵まれなかった。ところが、明治十四年、宜子の妊娠がわかり、男児を出産する。次男の直忠《なおただ》である。その喜びは大きかったろう。幸い、直忠は無事に成人し、井伊家の家督を継いだ。彦根城にはすばらしい能道具が所蔵されているが、じつはこれ、直忠が集めたものである。彼は自宅に能舞台をつくるほど能に入れ上げていたからだ。

ただ、宜子は直忠が成人した姿を見届けることなく、明治二十八年（一八九五）に四十五歳の若さで死去してしまっている。

徳《とく》川《がわ》美《み》賀《か》子《こ》

大奥に入らなかった最後の御台所

十五代将軍慶喜正室

天保六年（一八三五）～明治二十七年（一八九四）

婚家　徳川将軍家

徳川最後の将軍である美賀子の夫慶喜は、一橋家から入った。一橋家は、江戸城一橋門内に屋敷を与えられたことからその名を称し、8代将軍吉宗の四男である宗尹を初代とする。徳川家直系一門であり、田安家、清水家とともに将軍に継嗣のないときは、御三家に次いで将軍家を継ぐ役目を与えられている。ちなみに同家は11代将軍家斉も出している。

実家　一条家

五摂家の一つ。一条藤原北家の九条道家の子、実経によって創設された。室町時代に活躍した兼良らは学者として名高い。応仁の乱のさいに土佐へ下向し、戦国大名化した分家土佐一条家もあった（長宗我部氏に滅ぼされている）。明治天皇の皇后（昭憲皇太后）は一条家が出自であり、維新後には華族に列し公爵を授けられている。

伝徳川美賀子（茨城県立歴史館蔵）

夫の最愛の人

徳川美賀子《とくがわみかこ》は、最後の将軍徳川慶喜《よしのぶ》の正室（御台所）である。

美賀子は天保《てんぽう》六年（一八三五）、公卿《くぎょう》の今出川《いまでがわ》（菊亭《きくてい》）公久《きんひさ》の娘として生まれた。だが、公久は権中納言《ごんのちゅうなごん》まで進んだものの、美賀子が生まれた翌年に三十一歳の若さで亡くなってしまったので、美賀子は父の顔を知らないで育った。

そんな彼女は、嘉永《かえい》六年（一八五三）に突然、関白《かんぱく》である一条忠香《いちじょうただか》の養女となったのである。これには、ワケがあった。じつは、忠香の娘・千代姫《ちよ》（照姫《てる》）の身代わりとなって、一橋《ひとつばし》慶喜と結婚するためであった。

慶喜との結婚が決まっていた千代姫だったが、不運なことに、江戸に行く数か月前に重い病にかかってしまったらしく、一条家のほうから破談を申し出、代わって急きょ、養女にした美賀子を輿入《こしい》れさせることにしたと伝えられる。

嘉永六年五月に慶喜と美賀子の婚約が成立し、美賀子一行は、安政《あんせい》二年（一八五五）九月十五日に京都を発《た》って、東海道を通り江戸へ向かった。ところが、その旅路の途中（十月二日）で、江戸を激震が襲ったのだ。安政の大地震である。この地震では江戸府内の多数の建物が倒壊し、火事もあちこちで起こり、数千人が亡くなったとされる。

このため、美賀子一行も川崎宿《しゅく》でしばらく足止めされ、十月五日になってどうにか江戸に到着したものの、居住する予定の一橋家の屋敷の破損がひどく、仕方なく一時、江戸城の本丸に滞在することになった。十一月十一日、ようやく美賀子は修理が完了した一橋御守殿に入ることができた。

同月十五日、無事に結納《ゆいのう》が交わされ、十二月三日、一橋慶喜と美賀子の婚礼が挙行され、二人は晴れて夫婦となった。

慶喜は、水戸《みと》藩主の徳川斉昭《なりあき》の子として生まれ、幼い頃からその聡明さを謳《うた》われていた。やがて幼くして徳川御三卿《ごさんきょう》の一橋家を相続した。

新郎の慶喜はこのとき十九歳、対して美賀子は二つ上の二十一歳であった。

なお、慶喜の実父・徳川斉昭は婚礼に参列することができなかったので、慶喜に祝辞を書いている。さらに安政三年四月二十七日の書簡では、「さてさて、美賀子夫人は琵琶《びわ》をひくと聞いた。そこで私がつくった『駒迎《こまむかえ》琵琶』を贈呈させていただこう。今度そちらの屋敷にうかがったときは、『生弁天《いきべんてん》』のように美しい美賀子夫人の演奏を聴くのを楽しみにしているよ」と記されている。

こうして始まった新婚生活だが、美賀子にとってそれは最初から鬱々《うつうつ》としたものとなった。

洋装をして刀を抱える徳川慶喜
（茨城県立歴史館蔵）

最も気に触ったのが、一橋直子《つねこ》という女性の存在であった。

直子は、一橋家の第七代当主・慶壽《よしひさ》の正室であった。だが、すでに夫に先立たれ、薙髪《ちはつ》して徳信院《とくしんいん》と称していた。慶喜にとっては、義理の祖母にあたる。

といっても、慶喜とは年齢が七歳しか違わず、十一歳で慶喜が一橋家に養子にやってきてから、同じ屋敷内で暮らしてきた。しかも、とても気があったようで二人は非常に仲がよく、一緒に謡《うたい》の稽古をしたり、別邸に出かけたりした。きっと直子にとって慶喜は、弟のような存在だったのだろう。慶喜にとっても本当の姉のようであり、もしかしたら、初恋の女性だったのかもしれない。

しかも、直子は伏見宮貞敬親王《ふしみのみやさだよし》の娘であった。つまり、皇族だから美賀子よりはるかに身分が高かった。ならば、公家出身の美賀子は、義祖母であり、主家にあたる天皇家の血を引く直子に対し、献身的に仕えるのが筋なのに、なんと、慶喜との男女の仲を疑って嫉妬《しっと》したのである。

そして、直子と慶喜が一緒に謡の練習をしているのを邪魔したり、「奥」（正室や側室など女性たちの居住空間）から「表」（当主の政務の場）にたびたび出向くなどし、時には激怒して慶喜をこづくことさえあったという。何ともヒステリックな女性である。

このため、夫婦の不仲は諸大名にまで知れわたり、「いずれ美賀子様は、京都に戻ってしまわれるだろう」と噂された。だが、彼女はそうしなかった。死を選んだのである。婚礼からわずか半年後の安政三年六月十六日のことであった。

幸い、自殺をはかったものの、一命はとりとめた。だが、それからの美賀子は体調のすぐれない日がずっと続いたようだ。九月になって、ようやく床払いの儀（快気祝い）がおこなわれている。

悲しき妊娠

そんな冷えた新婚夫婦にも、やがて変化のときが訪れる。安政五年（一八五八）、美賀子の妊娠が判明したのである。このため、同年五月一日には「着帯の儀」がとりおこなわれた。

だが、この頃の慶喜は、大きな政争に巻き込まれてしまっていた。

病弱で性的能力のない十三代将軍家定《いえさだ》の後継者をめぐって二年前（安政三年）ぐらいから、紀州《きしゆう》藩主徳川慶福《よしとみ》を推《お》す南紀《なんき》派と徳川慶喜を推す一橋派が争っていた。

一橋家は、数代にわたって当主の早逝が続いており、直子の夫である一橋慶壽も二十五歳で亡くなっていた。このため、慶喜を将軍にしようという動きを知った直子は、慶喜と夕食を一緒に食べているとき、直接本人に向かって「あなたのためには、将軍になることは結構なことかもしれませぬ。けれどそうなると、また一橋家に当主がいなくなってしまう。まことに嘆かわしいわ」と愚痴を言った。

すると、これを聞いた慶喜は意外にも「じつは私も困っているのです。ぜひあなたのほうから、この動きを阻止してもらえるよう、大奥に働きかけていただきたい」と頼んだという。

喜んだ直子は、大奥の老女らに書簡で、慶喜の意志を伝えたが、その手紙は突き返されたと伝えられる。

結局、美賀子の妊娠がわかった頃、大老の井伊《いい》直弼《なおすけ》が強引に次期将軍を慶福（のちの家茂《いえもち》）に決定、さらにアメリカとの通商条約を天皇の許可なく締結してしまった。そこで慶喜ら一橋派の大名たちが無勅許《ちょっきょ》条約を強く抗議すると、井伊は、次々と一橋派の大名と家臣たちを処罰していった。世にいう安政の大獄《たいごく》である。慶喜も安政五年七月に「江戸城への登城を差しひかえるように」と申し渡された。

そんな七月、美賀子は無事に女児を出産したが、生まれた子は四日後に亡くなってしまった。きっと慶喜と美賀子は、悲嘆に暮れたことだろう。

翌年八月、慶喜は正式に隠居謹慎処分となった。

しかし翌七年、井伊直弼が桜田門外《さくらだもんがい》で殺害されると、それから半年後の万延《まんえん》元年（一八六〇）九月に謹慎が解かれ、文久《ぶんきゅう》二年（一八六二）、慶喜は復権して将軍後見職として政権の中枢に入った。そして、将軍家茂の上洛に先立って京都にのぼり、朝廷での政治工作で手腕をふるい、やがて孝明《こうめい》天皇の信任を得て、禁裏御守衛《きんりごしゅえい》総督の地位についた。

このように、京都で政治的に活躍する慶喜の留守を守り、実質上、一橋家の当主の役目を果たしたのは直子であった。なおかつ宮家出身の直子は、京都の皇族や公家とも親しく、慶喜の政治活動を背後からバックアップしたと思われる。

そうしたなか、美賀子もやはり江戸に残り、慶喜とは別居状態となった。

慶喜は将軍家茂が若くして亡くなると、徳川家の家督を継承して十五代将軍となったが、政権の維持は無理だと判断し、慶応《けいおう》三年（一八六七）十月、いさぎよく朝廷に政権を返還した。

だが、同年十二月に新政府を樹立した薩長《さっちょう》倒幕派は、慶喜の辞官納地《じかんのうち》を決定して二条城の慶喜を挑発。対して慶喜は、兵をまとめて大坂城へ入り、事態を静観した。すると、倒幕派は力を失い、新政府の盟主として慶喜の名があがるようになる。そんなとき、江戸で佐幕《さばく》派の人々が倒幕派の挑発に乗って、薩摩《さつま》藩邸を焼き討ちしたのである。これを知った大坂城の兵士たちは憤激し、これを抑え切れなくなった慶喜は、ついに京都への進撃を許してしまう。

鳥羽《とば》・伏見《ふしみ》の戦いは旧幕府方の大敗となり、慶喜は大坂城を脱して蒸気船に乗り、江戸へ戻ってしまう。兵を見捨てて敵前逃亡したのだ。

江戸に着いた慶喜は一橋邸には入らず、上野寛永寺《かんえいじ》の大慈院《だいじいん》に入った。突然の帰国に驚いた美賀子だったが、慶喜のために寝具などを大慈院に運ばせたと伝えられる。

結局、勝海舟《かつかいしゅう》の活躍によって江戸城の無血開城を条件に、新政府における江戸の総攻撃と、徳川家の改易は免《まぬか》れた。慶喜は上野寛永寺で謹慎したのち、故郷の水戸藩に赴《おもむ》いた。

美賀子は将軍の御台所《みだいどころ》（正室）となってからも江戸城には入らず、一橋邸に住んでいたが、江戸城が開城されたため、大奥の天璋院篤姫《てんしょういんあつ》（十三代将軍家定の御台所）と和宮《かずのみや》（十四代将軍家茂の御台所）に一橋邸を明け渡し、その後は水戸藩邸などで暮らした。

慶応四年（一八六八）、徳川家の当主には御三卿田安《たやす》家の家達《いえさと》が就任、家達は静岡《しずおか》藩七十万石を与えられ、江戸から移っていった。翌明治二年、慶喜も静岡へ移住したことから、美賀子も江戸から夫のもとへ向かった。

不吉だった結婚

結局、慶喜と美賀子の間には子供が育たなかった。その後も何度か妊娠したという説もあるが、誰も成人しなかったのである。

慶喜の孫にあたる蜂須賀年子《はちすかとしこ》によれば、これは千代姫（照姫）の祟《たた》りだという。年子の著した『大名華族』（三笠書房）によれば、徳川慶喜家には千代姫伝説が伝わっているといい、年子も小さい頃から何度となく、この話を聞かされてきたそうだ。

一条忠香が娘の千代姫と慶喜の婚約を破談にしたのは、千代姫が天然痘《てんねんとう》（疱瘡《ほうそう》）に罹《かか》ってしまったからだという。四〇度ぐらいの高い熱が続き、ただの風邪だと思っていた千代姫の顔面は、天然痘のせいであばただらけになってしまったのである。鏡に映った自分の変わり果てた姿を見た千代姫は、身もだえして嘆き悲しんだ。

さすがに忠香もこのような顔では、慶喜のもとへ嫁がせるわけにはいかないと、冒頭で述べたように、急きょ、身代わりとして美賀子を養女としたのである。

千代姫は、「このまま婚礼を進めてほしい」と老女を通じて父の忠香に泣きついたが、結局、縁組は破談となってしまった。

一条家に入った美賀子を、慶喜のもとに嫁がせる準備が着々と進んでいく。そうしたなかで千代姫は、ついに精神的におかしくなり、「人の幸せを奪う女は呪ってやる」と口走るようになり、美賀子を刺殺しようとさえしたという。さらに、自分ではなく美賀子と結婚しようとしている慶喜に対しても、呪いの言葉を吐くようになったのだった。

さらに千代姫は、美賀子の嫁入り道具を目にする。それは自分が持っていくはずの品々であり、千代姫の紋章が入っていたという。

激高した千代姫は、「たとえ美賀子が慶喜のもとに嫁いだとしても、決して世継ぎは生ませない。慶喜の家系を根絶やしにしてくれる」と記した遺書を残し、刃物で胸を突いて自害したというのだ。

この千代姫の祟りによって、美賀子は子に恵まれなかったとする。

だが、この話はウソである。年子がどこから話を聞いたかはわからないが、これは事実誤認だ。

千代姫は自殺などせず、その後は越前国《えちぜんのくに》の毫摂寺《ごうしょうじ》の善慶《ぜんけい》上人のもとに嫁《か》し、明治十三年（一八八〇）に亡くなっている。一条家からの連絡で彼女の死を知った慶喜も、香典として一円五十銭を送った記録がはっきり残っている（遠藤幸威著『女聞き書き 徳川慶喜残照』朝日文庫）。つまり、みずから命を絶ったわけではなかったのだ。

美賀子はその後、静岡で二十年間暮らしたが、この間、彼女の具体的で詳細な逸話はほとんど伝わっていない。ただ、ミカン狩りや椎茸《しいたけ》狩りを楽しみ、湯治や花見にも出かけており、悠々自適の生活を送っていたようだ。

明治二十四年、体調を崩した美賀子は乳がんと診断された。そこで五月十九日、旧幕府の医官で、箱館《はこだて》戦争のとき敵味方関係なく怪我《けが》の治療にあたった蘭方医の高松《たかまつ》凌雲《りょううん》によって、手術がおこなわれた。

『女聞き書き 徳川慶喜残照』によれば、美賀子はクロロフォルムで全身麻酔を施され、十センチ程度切開して患部を摘出した。がんは七センチの大きさで厚さは三センチであった。手術は三針縫っただけでわずか四十分で終了した。慶喜は、謝礼として百五十円という高額を凌雲に支払っている。

徳川美賀子の肖像（茨城県立歴史館蔵）

こうして手術は成功し、その後、美賀子は三年を生きた。

明治二十七年（一八九四）、体調が悪化した美賀子は、橋本綱常《はしもとつなつね》の診察を受ける。橋本は、福井《ふくい》藩士で安政の大獄で処刑されたあの橋本左内《さない》の弟である。綱常はやがて医師となり、東京大学で教授を務め、医学博士でもあった。そういった意味では、当時、最高の医師に診察してもらったわけだ。

綱常は上京して東京（帝国）大学のスクリッパ博士の診察を受けるように勧めた。そこで美賀子は、東京千駄ヶ谷《せんだや》の徳川家達邸に入り、療養生活を始めた。同年、五月のことである。だが、翌月から体調は悪化の一途をたどっていった。肺結核にかかっていたようだが、やがて肺水腫《はいすいしゅ》と思われる症状が起こり、ついに肺炎となった。皇居から当時貴重だった酸素ボンベが下賜《かし》されたというが、七月九日、とうとう六十歳の生涯を閉じてしまった。

狩猟姿の慶喜（茨城県立歴史館蔵）

慶喜は、連日の東京からの電報により、美賀子が危篤《きとく》状態であることを知っていたが、死去当日はなんと、趣味の写真のために焼津《やいづ》あたりまで遠出をしていたという。

ただ、死の知らせが届くと、慶喜はそのまま焼津から汽車に乗って東京に向かい、午後十一時半に千駄ヶ谷邸で、冷たくなった美賀子と対面している。

この急ぎようを見ると、慶喜は自宅で彼女が死ぬのを待っていることに耐え切れず、彼女の奇跡的な回復を祈り、あえて焼津まで遠出することで、不幸が起こらないよう望んでいたのではないかと思えてくる。

記録がないため、慶喜と美賀子の心中をはかり知ることができないが、私は静岡時代、慶喜夫妻は案外うまくいっていたのではないかと思うのである。

新《しん》村《むら》信《のぶ》

子宝に恵まれた将軍の側室

十五代将軍慶喜側室

嘉永五年（一八五二）？～明治三十八年（一九〇五）

婚家　徳川将軍家

徳川宗家の系統を絶やさないために、将軍の世継ぎを生ませて育てるべく大奥を創設し、血統の保持につとめた。しかし、宗家の後嗣が絶えることはままあり、初代家康の子を祖とする御三家や御三卿から養子を迎えることも少なくなかった。15人いる将軍のなかで、正室から生まれたのは家康、家光、慶喜の3人だけ（家光の母は継室、慶喜は御三家の出だが）という事実がその困難さを物語っている。

実家　旗本家

将軍直属の家臣であり、知行高1万石以下で将軍に謁見できる御目見え以上の格式を有する。寛政期にはおよそ5200人を数えた。ちなみに御目見えの叶わない家臣は御家人といい、同時期におよそ17000人いたと伝わっている。大名クラスの1万石近い知行を与えられている者は少なく、多くは500石以下であった。

新村信（茨城県立歴史館蔵）

色白でやせ型の美人

最後の将軍徳川慶喜《とくがわよしのぶ》は、将軍になる以前、幕府の将軍後見職や朝廷の禁裏御守衛総《きんりごしゅえい》督につき、孝明《こうめい》天皇の絶大な信頼を得て、朝廷で大きな実権を握るようになった。だが、京都には正室の美賀子《みかこ》を同行させず、やがて慶応《けいおう》三年（一八六七）に将軍に就任。そうなってくると、まだ子のいない慶喜に跡継ぎをつくらせようという側近の配慮からか、江戸の子女から「お付きの女中（側室）」の選考がおこなわれた。

当時、写真術が日本でも一部に流行《はや》り始めており、坂本龍馬《さかもとりょうま》をはじめ多くの志士が自分の姿をカメラにおさめさせたが、慶喜はなんと側室の候補を写真の肖像で選んだというのだ。

こうして選ばれた三人が新門芳《しんもんよし》、新村信《しんむらのぶ》、中根幸《なかねこう》だったという。

芳は江戸の町火消《まちびけし》のリーダーで、侠客《きょうかく》としても知られている新門辰五郎《たつごろう》の娘だった。ただ辰五郎は上洛した慶喜に呼ばれ、子分たちとともに二条城の警備などを担った。ただ娘の芳は、鳥羽《とば》・伏見《ふしみ》の戦いのあと慶喜が大坂から海路で江戸へ逃亡するさい、彼女も一緒に船に乗り込み、途中の静岡《しずおか》までは行動をともにしていたようだが、その後は消息を絶った。その理由については、一切伝わっていない。

残る信と幸は、明治になってからもずっと慶喜と仲よく暮らし続けた。早世した子も多かった（成人したのは十三名）が、驚くべきことに、信と幸はそれぞれ十人ほど慶喜の子を生んでいる。

新村信については、大伯母《おおおば》にあたる松平須磨子《まつだいらすまこ》が、遠藤幸威著『女聞き書き 徳川慶喜残照』（朝日文庫）でくわしく述べている。

同書の須磨子の証言によれば、信は「十八松平」（徳川家康の出身、三河《みかわ》松平氏の十八の庶流）の一つ、「形原《かたのはら》松平」の支流である旗本・松平勘十郎政隆《かんじゅうろうまさたか》の娘として生まれたとされる。勘十郎は二百五十俵取りの下級旗本だったという。

信は嘉永《かえい》五年（一八五二）に生まれ、その後、同じ旗本の新井省吾《しょうご》の養女になっていたが、慶喜の側室になるにあたり、一橋《ひとつばし》家の用人をしていた新村猛雄《たけお》の養女となった。

このとき名前も「信」と改めたとされる。養父の猛雄はまだ二十代前半で、信とは十歳も変わらなかった。そんな猛雄は明治二十年代になってから養子をもらう。旧幕臣で山口県令も務めた関口隆吉《せきぐちたかよし》の子・出《いずる》である。出は明治九年（一八七六）に静岡で生まれ、第一高等学校を経《へ》て東京帝国大学に進み、国語研究に力を尽くし、のちに東京帝国大学教授となっている。出版社からの依頼で、国語辞典の編纂《へんさん》事業にあたり、昭和十年（一九三五）に『辞苑《じえん》』が発売されるとベストセラーになった。その後、『辞

徳川慶喜略系図

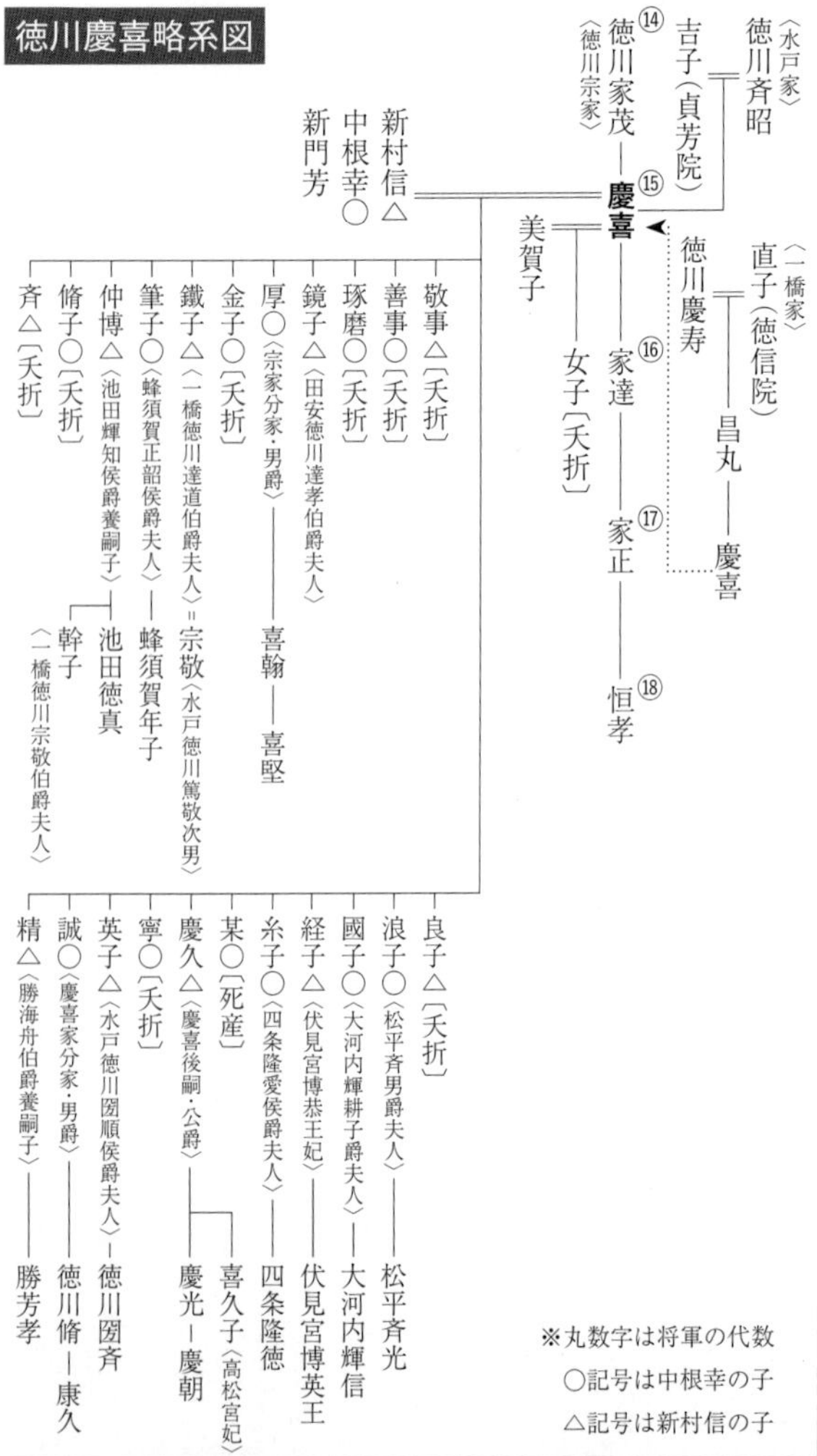
〈水戸家〉徳川斉昭
吉子（貞芳院）
⑭徳川家茂〈徳川宗家〉
⑮慶喜
新村信△
中根幸○
新門芳
美賀子
〈一橋家〉直子（徳信院）
徳川慶寿
昌丸
慶喜
⑯家達
⑰家正
⑱恒孝
女子〔夭折〕
敬事△〔夭折〕
善事○〔夭折〕
琢磨○〔夭折〕
鏡子△〈田安徳川達孝伯爵夫人〉
厚○〈宗家分家・男爵〉
喜翰
喜堅
金子○〔夭折〕
鐵子△〈一橋徳川達道伯爵夫人〉
宗敬〈水戸徳川篤敬次男〉
筆子○〈蜂須賀正韶侯爵夫人〉
蜂須賀年子
仲博△〈池田輝知侯爵養嗣子〉
池田徳真
幹子〈一橋徳川宗敬伯爵夫人〉
脩子○〔夭折〕
斉△〔夭折〕
良子△〔夭折〕
浪子○〈松平斉男爵夫人〉
松平斉光
國子○〈大河内輝耕子爵夫人〉
大河内輝信
経子△〈伏見宮博恭王妃〉
伏見宮博英王
糸子○〈四条隆愛侯爵夫人〉
四条隆徳
某○〔死産〕
慶久△〈慶喜後嗣・公爵〉
喜久子〈高松宮妃〉
慶光
慶朝
寧○〔夭折〕
英子△〈水戸徳川圀順侯爵夫人〉
徳川圀斉
誠○〈慶喜家分家・男爵〉
徳川脩
康久
精△〈勝海舟伯爵養嗣子〉
勝芳孝

※丸数字は将軍の代数
○記号は中根幸の子
△記号は新村信の子

苑』の改訂作業がおこなわれ、岩波書店から昭和三十年（一九五五）に新村出・猛《たけし》父子の編纂による『広辞苑』が出版された。出は昭和四十二年に死去したが、『広辞苑』はロングセラーとなり、改訂を重ね、現在は第七版が出ている。

新村出は、義姉にあたる信について、次のような回想（『毎日新聞』昭和三十七年八月二十二日付『前掲書』所収）を残している。

「（前略）維新後、前将軍が隠居された二、三カ所の地は後年明治二十年代に自分が、養父のシンムラ家の養嗣《ようし》になってからたびたび出入りし、御殿奉公を務めた義姉の因縁とも相俟《あいま》ち、印象も極めて深く存するが、先年二条城中に大政奉還《たいせいほうかん》の場の模型を見て、十五代将軍と、その背後に刀を捧持《ほうじ》せる小姓頭取の養父とが、ほとんど同齢近き三十歳未満ほどの人形で、岩倉具視卿《いわくらともみきょう》や、土佐の山内容堂《やまうちようどう》等と相対して、双方非常に緊張し会った場面を見て感無量であった。（中略）場をすぎて、さらに深く進み入り、義姉の松平信子の十七、八歳ほどに見えた模型人形の美容をべっけんして、格段のなつかしみを感ぜざるをえなかった」

出が信にずいぶん親しみをもっていたことがわかる。信は蜂須賀年子《はちすかとしこ》（もう一人の慶喜の側室中根幸の孫）によれば「色白の美人であったようだ」（蜂須賀年子著『大名華族』三笠書房）という。同じく小島いと（慶喜の晩年、東京の小日向《こひなた》邸で侍女をしていた明治二十六年生まれの女性）も「『信』と言われたお信さんは見るからに色白なやせ型の美人」（『女聞き書き　徳川慶喜残照』）と証言する。

対して、もう一人の側室中根幸については「少々色の黒い大柄な女性でお目に可愛いげのある気さくな明るさをお持ちでした」と述べている。

そういった意味では、慶喜は対照的な顔立ちの女性を選んだのかもしれない。しかし一方で、松平須磨子は「（信と幸）お二人のお写真を拝見すると、一対のお人形を見てるように、お顔もお髪形もお着物の着付けも似ていらっしゃいますね。けど身勝手な言い方が許されるなら、何処《どこ》となくお信さまの方が美人に思えるけど、なんだかお顔に翳《かげり》が見えますね。御病気の故《せい》かしら」（『前掲書』）とあるように、髪型や着物によって双子のように見えたらしい。また、信と幸は姉妹のように仲がよかったともいい、五十歳を過ぎても髪を美しく結い、着物の着付けもきちんとしており、その立ち振る舞いは優雅だったという。ただ、信は礼儀にやかましく、ペタンと座るものではないと、他人に座り方にまで注意を与えたそうだ。

歴史家の大久保利鎌氏は、慶喜は信と幸と三人で同じ寝室で寝ていたと、驚きの証言をしている。

「ぼくが同級の徳川に聞いた話だと、静岡へ移った当初の慶喜公はお信さん、お幸さんとYの字型に毎晩寝ていた、と聴いたことがある。訊《き》いてごらんなさい。それはね、もし暗殺者がまっ暗な部屋へ侵入してもYの字型に寝ていれば、誰が誰だか判らないばかりか、四角な部屋にY型に寝ているのであれば、四面のどちら側から入っても必ず誰かにつき当たる。それがもし自身でないなら、そのわずかの間でもなんらかの準備がとれるからでしょう」（『前掲書』）

何とも用心深いことである。

十二人の子だくさん

明治になってから信は十二人の子供を出産している。

三女の鐵子《てつこ》は、御三卿《ごさんきよう》の一橋徳川達道《さとみち》の妻となった。五男の仲博《なかひろ》は、旧鳥取《とつとり》藩の池田輝知《いけだてるとも》の養子となった。陸軍士官学校を卒業して軍人として活躍し、その後、貴族院議員となった。また北海道十勝《とかち》地方に農場を開いている。九女の経子《つねこ》は、伏見宮博恭王《ふしみのみやひろやす》の妻となった。博恭王は帝国海軍の軍人としてドイツに留学。日露戦争では軍艦三笠《みかさ》に乗艦して負傷しているが、その後も海軍に属し、海軍大学校長や第二艦隊司令長官などを務め、海軍軍令部長に就任した。

七男の慶久《よしひさ》は、公爵《こうしやく》となった徳川慶喜の家督を継いだ。そういった意味では、信が

鏡子（茨城県立歴史館蔵）
慶喜の長女。15歳で田安家9代当主の徳川達孝に嫁ぎ、4人の子をもうけた。写真は19歳のとき。2年後、短い生涯を終えている

鐵子（茨城県立歴史館蔵）
慶喜の三女。一橋徳川家11代の当主達道に嫁いだ。幼少期の顔立ちは父の慶喜によく似ていたといわれている

慶喜の跡継ぎを生んだわけだ。慶久は明治四十一年（一九〇八）に有栖川宮威仁親王《ありすがわのみやたけひと》第二王女の実枝子《みえこ》と結婚し、その二年後に東京帝国大学法科大学を卒業し、貴族院議員となった。非常に頭の切れる人物であるうえ、イケメンだったことから、将来的には総理大臣になることを周囲から期待されていたが、残念ながら大正十一年（一九二二）に三十九歳で脳溢血《のういっけつ》のために急死した。一説には精神的に不安定になり、不眠症で悩んでおり、睡眠薬のカルモチンの量を間違えて亡くなったともいわれている。

十一女の英子は、御三家旧水戸藩の徳川圀順《くにゆき》と結婚、大正十三年に死去した。圀順は陸軍の軍人となったのち、日本赤十字社に入って活躍し、第一次世界大戦における外国の戦争孤児を支援した功績により、チェコスロバキアなどより勲章を贈呈されている。

十男の精《くわし》は、勝海舟《かつかいしゅう》の養子となった。海舟は実子の小鹿《ころく》が亡くなったあと、小鹿の娘伊代子の婿として精を迎えた。精は慶應大学を卒業したのち、オリエンタル写真、浅野セメント、石川島飛行機などの大企業の重役を歴任するなど実業界で活躍した。妻の伊代子が亡くなったあと、「妾《めかけ》」として水野まさを囲い、よくそこに通っていたが、昭和七年（一九三二）に脳溢血で急死してしまった。ただ、この死については、まさによる無理心中ではないかという噂が流れた。まさは十年近く、精と男女関係を続けていたが、体が弱く離婚経験もあったため、精の後妻になれず、自分の死を予感して精に大量に睡眠薬カルモチンを飲ませたあと、自殺したというものである。真相はわからないが、この説は当時の新聞などにも掲載され、大きな話題となった。

さて、信である。

彼女の死も意外に早くに訪れた。

先に紹介したように、松平須磨子は信のことを「なんだかお顔に翳が見えますね。御病気の故かしら」と回想しているように、どうやら彼女は病んでいたらしい。病について須磨子は、信は亡くなる一年前から慶喜とは邸内で完全に別居しており、隔離状態になっていたという。ただ、それは結核などではなく、うつ病などの精神性の病ではなかったかと推測している。

『徳川慶喜家扶《かふ》日記』に、その死の様子が詳しく書かれているが、なぜか病名は記されていない。これによると、明治三十八年（一九〇五）二月一日に信は芝区愛宕町《あたごちょう》の東京病院に入院し、二月八日、息子の慶久、仲博、精、娘の鐵子、経子らが見守るなか、息を引き取った。遺体は病院から直接上野の徳川家墓地に向かい、入棺式がおこなわれ、十二日に葬儀が執行されている。まだ五十代前半だった。

中根幸《なかねこう》

十五代将軍慶喜側室

天保七年（一八三六）?〜大正四年（一九一五）

孫娘が祖母だと気づかなかった「優しいお幸さん」

婚家　徳川将軍家

江戸無血開城後、家達は慶喜より宗家を相続し、明治2年（1869）、版籍奉還により静岡知藩事となった。廃藩置県を経て同17年には公爵を授けられる。その後、国会開設とともに貴族院議員となり、明治から昭和初めの激動期に長らく貴族院議長を務めた。嫡子の家正は最後の貴族院議長に就任している。宗家の現当主は18代目にあたる。

実家　旗本家

旗本八万騎といわれるが、実際の数は、幕末で約5000家であった。それらは、徳川幕府草創以前から仕えていた家臣を中心に、大名にとり立てられた家からの分家、名家の子孫、あるいは御家人から昇進した家など、さまざまであった。織田家、武田家、今川家、北条家のような戦国大名の末裔である家柄も多い。

中根幸（茨城県立歴史館蔵）

我が子から呼び捨て

徳川《とくがわ》慶喜《よしのぶ》は、信《のぶ》と幸《こう》という二人のお付きの女性との間に二十人以上の子供をもうけている。前項で信については紹介したので、今度は中根《なかね》幸のことを語りたいと思う。

中根幸は、新村《しんむら》信と同じように旗本の中根芳三郎《よしさぶろう》の娘として生まれ、同じく旗本の成田《なりた》新十郎《しんじゅうろう》の養女となって慶喜のお付きになったと伝えられる。

慶喜は生まれてきた子供たちが健康に育つように、庶民の家に里子に出すようになった。そのあたりの話を、幸が生んだ糸子《いとこ》（慶喜の十女）の娘大河内《おおこうち》冨士子《ふじこ》（慶喜の孫）が語った記録が遠藤幸威著『女聞き書き 徳川慶喜残照』（朝日文庫）に載っている。

同書によると、慶喜の子は、石屋、質屋、煮豆屋などさまざまな家庭に預けられたという。ちなみに冨士子の母・糸子は果樹園農家で養育されている。

冨士子は、母を養育してくれた乳母《うば》が「糸姫さまをお抱きして御殿へ上る時だけは威張ったもんで、大玄関からずっと奥のお座敷へ通りましたが、お侍だった御家来衆が皆頭を下げているのを見ると、とても気持がよろしゅうございましたね」（『前掲書』）と述べたというが、確かに前将軍の直臣（旗本）たちがこのような応対に出てくれたら、庶民なら舞い上がってしまうだろう。

また、糸子の実弟である誠《まこと》（慶喜の九男）が冨士子に言うには、彼は大勢の子供を抱えた町人の家で養育されたため、実父である慶喜のところへ行っても「早く乳母の家へ帰りたくてね。言葉もすっかり町方風になっちゃって、おとと様に向ってチャン（父ちゃんの下町言葉）って言ったので、幸（生母）は慌てたそうだ」（『前掲書』）と話してくれたという。

さらに冨士子の伯母の一人は、煮豆屋に預けられ、よく煮豆屋さんごっこをして遊んだというが、だいたい五歳くらいになると、彼らは徳川家に戻された。

ちなみに幸の子供たちはあくまで慶喜の子であり、幸は正式な妻ではなく、腹を貸したお付きの女に過ぎないとされた。だから、腹を痛めた子でありながら、幸は自分の手元で育てることもできなかったし、我が子に対して臣下の礼を尽くさなくてはならなかった。子供たちのほうも実母とは認識できず、「幸」や「信」などと呼び捨てにしていた。

たとえば幸の孫にあたる蜂須賀年子《はちすかとしこ》（幸の長女・筆子の娘）も、

祖母の幸が三田綱町《みたつなちょう》の蜂須賀邸に「やってくると、母の部屋のそとまできて、そこに手をついて、『ごきげんよろしゅう』とあいさつした。『あら、お幸さん、よくいらつしやい』これが母のきまつた返事であつた。決して『お母さま、よくいらつしゃい』とはいわない。必ず『お幸さん』である。前将軍の子を六人もうんでも、お幸さんの身分は依然として女中に過ぎないのである。そしておのれの子供はご主人の血つづきなのである。自分には主すじということになるので、わが子の居間の外で、かしこまつて、ごきげんをうかがうのである。子の方でもそれを心得ていて、母あつかいにはしない。情は親子でも家中の『おきて』では、主人と家来の関係なのである。幼い頃、だから私はお幸さんが自分の祖母だとは、なかなか気がつかなかつた。どこからかやつてくるお幸さんは、私をとてもかわいがつて、めずらしいおみやげをくれたり、遊び相手になつて、ひざにだいてくれたりした」（蜂須賀年子著『大名華族』三笠書房）

と述べている。

では、中根幸はいったい、どのような女性だったのだろうか。

孫との楽しいやりとり

年子によれば、「私がはじめてお幸さんを知つたのは、かの女がまだ四十歳代の頃で、いつも丸まげにゆい、着物はめいせんの立ジマ、黄八丈《きはちじょう》、糸織《いとおり》などを常用していたが、タビは白の木綿で、タタミ表のついたぞうりのせいぜいカカトの高いのをはいて」いたという。その容貌は、「色の小黒い、気さくな明るい人で、いまでいうM型の女性であつた。そんなに美人という人ではなかつた」が、「いきな、スマートな女であつた」（『前掲書』）という。

ちなみに「M型の女性」とは、あまり化粧っ気がない、さばさばした女性を指していう一九五〇年代後半に流行した言葉だ。

堅苦しい華族（旧大名家）の蜂須賀家に生まれた年子にとって、幸との思い出はとても楽しいものであった。

年子が幸の住む慶喜の小石川《こいしかわ》邸にときおり遊びに行くようになると、先述のとおり、幸は孫の年子をたいへん可愛がり、自由勝手を許してくれた。

とくに嬉しかったのは、小石川邸でのどら焼きせんべいづくりだった。

そんな幸との思い出を、年子は次のように語っている。

小石川の徳川邸では、お幸さんによくドラ焼きせんべいをこさえてもらつた。うどん粉をねつて、塩だの砂糖だのを入れ、それを鉄板の上におとしておせんべいに焼くのが、私には大へんな魅力だつたが、綱町の蜂須賀邸では、「そんなはしたないこと」といつて老女にみつかるとしかりとばされて、鉄板も金しやくしも、取り上げられてしまう。父もそれを許してくれない。私にはそれが大の不平だつた。小石川邸へ行つてお幸さんにそれをうつたえると、「それじや、ここでなさい」とお幸さんはどつさりうどん粉を水でといて、味つけをしてくれる。私が七りんに火をおこして鉄板をのせ、その上で一日中余念もなくせんべいを焼くのである（『前掲書』）。

まさに華族の堅苦しい生活のなかで育った年子にとっては、幸はどんな願いも叶《かな》えてくれる大切な存在だった。

このように不自由な姫様生活から年子を解放してくれるのが、幸だったのである。年子はお転婆娘《てんばむすめ》で、小石川邸で二人の妹とかくれんぼをしたとき、大木の上にのぼって隠れたことがあり、妹たちは姉が見つからないので大泣きした。驚いた女中たちが必死に屋敷の周りを探し出したのを、年子は大木のてっぺんから眺めつつしばらく見ていたが、あまり心配させても悪いと考え、木から降りたのだった。

これを知った慶喜は、「下々の者に心配さすでない」と一言叱りつけたという。それにショックを受け、うちしおれて幸のところへ行くと、幸は「おもしろかつたでしよう。ホホ」と微笑んでくれたのだった。この表情を見て年子は、「この人だけはちやんと私の気持を知つているらしく、とたんに私はボーと目の中があつくなつた」（『前掲書』）と回想している。

ただ、そんな幸もたった一度だけ年子を叱ったことがあった。

小石川邸で叔父の慶久《よしひさ》と誠が空気銃でスズメやモズを撃っていると、スズメの死骸が屋根の端にひっかかった。すると誠が見物していた七、八歳の年子を呼び、近づくと、いきなり年子を抱え上げて「あれをとつておいで」と屋根の端につかまらせたのだ。年子は「一しようけんめい屋根にかきのぼり、死んでいるスズメを手にして、またマコちゃん（誠）に屋根からおろしてもらつた」（カッコ内は筆者の補足）。

この光景を幸は廊下で目にしていたのである。

やがて幸は年子を呼びつけ、「もし、おちたらどうします。片輪者になるか、死ぬか、それでなくても、とんでもないことです」とさんざん叱りつけたのである。そこで年子は、「私はこんどから決していたしません、と頭を下げてやつと許してもらつた」（『前掲書』）という。

幸が、いくら身分の差があっても、命の危険があるような孫の行為については、毅《き》然《ぜん》と指導する女性だったことがわかる。

幸の子供で成人したのは、厚《あつし》（四男）、筆子《ふでこ》（四女）、浪子《なみこ》（七女）、國子《くにこ》（八女）、糸子、誠の六人である。

厚は、分家して男爵《だんしやく》となり、旧越前福井《えちぜんふくい》藩主松平《まつだいら》春嶽《しゆんがく》（慶永《よしなが》）の六女里子《さとこ》を妻とし、貴族院議員を務めるとともに、東明火災海上保険株式会社の取締役に就任するなど、実業界でも活躍した。昭和五年（一九三〇）に五十五歳で亡くなった。

四女の筆子は、旧徳島《とくしま》藩主蜂須賀氏の当主茂韶《もちあき》の嫡男《ちやくなん》正韶《まさあき》と結婚した。

当時、正韶はイギリスに留学してケンブリッジ大学で学んでいたが、明治二十八年（一八九五）に帰国することになったので、父親の茂韶が前年の明治二十七年から東京三田の綱町邸内に正韶のための新しい家を建て始めた。同時に息子の嫁探しを始め、筆子との縁組が決まった。

茂韶は結婚にさいし、イギリスにいる正韶に筆子の写真を送り、その同意を求めたという。

この両親の結婚の経緯を知った年子は、「本人の留守のまに花嫁がきまる——というのも、格式とか身分が第一となる大名の家らしいやり方であろうが、それにしても、もはや世は開化の明治時代である。さながら封建時代の大名のように、おこし入れの日まで、花むこが花嫁の顔も知らないというような、極端な仕方でもなかつた」（『前掲書』）と感想を述べている。

明治二十八年十二月、帰朝してまだ一週間も経たない正韶は、筆子と結婚式をあげた。以下、『大名華族』に沿って紹介しよう。

このとき正韶は二十五歳、筆子は二十歳だったが、式は小笠原流でおこなわれることになっており、蜂須賀家の女中たちには、なんと一、二か月前から小笠原流の家元によって結婚式の礼法が徹底的に仕込まれたという。

無事に式が済むと、それから三日間は、えんえんと披露宴が続く。まず一日目は親戚一同を招く。二日目には蜂須賀家の旧臣たちが招待され、そして、三日目には関係者たちが大勢招かれるのである。披露宴の招待客は数千人にのぼったといい、百畳敷きの大広間にはせり上がりの能舞台がつくられ、宝生《ほうしょう》、観世《かんぜ》、金春《こんぱる》、梅若《うめわか》など能役者たちが総出で能を演じ、客人たちはそれを庭で鑑賞したのである。

さらに驚くべきは、当時のスターであった九代目市川團十郎《いちかわだんじゅうろう》が別舞台で歌舞伎を演じたことであろう。まさに絢爛《けんらん》豪華な披露宴であった。

こうして夫婦になった正韶と筆子にはすぐに子供ができ、翌年、長女の年子が生まれた。その後、笛子《ふえこ》、小枝子《さよこ》、正氏《まさうじ》と、立て続けに子供に恵まれた。

新婚夫妻の新居は、三田の五万坪の蜂須賀邸の敷地につくられたが、邸内には「女中」が三〜四十人ほどおり、「奥」は、六、七人の老女がすべて取りしきっていた。

長女の年子は、「幼い私は、自分の母の美しさにひかれて、たえずその居間へ遊びに

左から糸子・経子・國子（茨城県立歴史館蔵）八女の國子は大河内輝耕（父は高崎藩最後の藩主大河内輝声）の夫人。九女の経子は伏見宮博恭王の妃。十女の糸子は貴族院議員四条隆愛の夫人。なお、経子の生母は新村信である

行きたかつたけれど、老女の目が光つているので、そうなれなれしくは出かけて行けない」と、その生活の不自由さを歎いている。

蜂須賀筆子は非常に美しい人だったようで、年子は明治天皇の皇太子（のちの大正天皇）のご成婚式（明治三十三年）のときの母の思い出を語っている。

「華族はみな宮中へ召された。どの華族夫人も、きようを晴れと最大の盛装をこらして参賀におもむいた。私の母も、そうだつた。何十日も前から、華族仲間の夫人たちと往来して、当日の衣装について、うち合せをする。その衣装をつくるための、呉服屋が出入りする。それもこんどはローブ・デ・コルテという洋式礼装だから、横浜の洋装店の人たちが、何人も、そして何回もやつてくる」

晴れの儀式ゆえ、事前の華族間の連絡や、準備がたいへんだったことがわかる。

「さて、いよいよ晴れの参内の朝がきた。母は未明におきて浴殿で清浄――それからお化粧の間入り、つぎに、お着付部屋……。私は、それがみたくて、みたくてたまらないが、子供はジャマとばかり、朝から女中にさえ相手にされないのが大の不平である。やがて正門の前に二頭立てのきらびやかな、黒ぬり金紋つきの馬車がつく。母は何人もの老女や侍女につきそわれ、大玄関へやがて姿をあらわした。みると、黒々とした洋髪に、鳥の羽を立てた白い髪かざりを高々とし、銀色にかがやくローブ・デ・コルテのすそを長くひいて、片手には、白鳥毛の扇（ファン）をもつている。長い両方の腕は、白の皮《ママ》手袋につつまれて、すらりとのびているすばらしさ！　私はたしか、その時八つになつていたかと思うが、「あっ！」と思つたきり声が出なかつた。こんな美しい母をみたことがない。その印象は今もなお永久の映像となつて私のまぶたのうちにのこつている」

だが、それから七年後の明治四十年（一九〇七）、筆子は病のために三十三歳の若さで亡くなってしまった。


その死については、奇妙な因縁話がある。

年子の回想によれば、正韶のために三田の綱町邸に家を建てているさい、若い大工が椎《しい》の木陰で昼寝をしていると、首筋に冷たいものが巻きつくのを感じた。なんと、白蛇が首に巻きついているではないか。仰天した大工は、蛇をつかんで投げつけ、さらに大きな石を蛇へ投げつけたのだ。石は蛇の頭に当たり、やがて息絶えた。この出来事を親方に話すと、親方は驚いた。なぜなら、蜂須賀家では椎の大木に住む白蛇のつがいを神様として祀っているのを知っていたからだ。そこで二人は、蛇の死骸をこっそり油紙に包んで井戸に投棄したものの、数日後、油紙に包まれたまま蛇が浮かんできてしまったのである。

死んだのは雌《めす》で、蜂須賀家の者たちは「きっと祟《たた》りがある。これから輿入《こしい》れする筆子様に祟るのではないか」という噂が広まったという。それを聞いた茂韶は「そんな不吉なことを口にするな」と厳しく注意した。いずれにせよ、年子は母の死を、白蛇の祟りだと固く信じたのだった。

さて、幸のほかの子供たちである。

七女の浪子は、津山《つやま》松平氏の男爵松平斉《ひとし》の妻となった。浪子は斉光《なりみつ》を生むが、子供が生まれる直前、夫の斉は失踪《しっそう》してしまっている。

八女の國子は、旧高崎《たかさき》藩主大河内家の当主である輝耕《きこう》に嫁《か》している。輝耕は東京帝国大学法科大学を卒業して、大蔵省に入り、優秀な官僚として書記官、主計局主計課長、大蔵参事官などを歴任した。のちに貴族院議員となった。

十女の糸子は、侯爵で公家の四条隆愛《しじょうたかちか》と結婚した。隆愛は陸軍の軍人、のちに貴族院議員となった。

九男の誠は、学習院高等学科を卒業し、アメリカに留学、帰国後は横浜正金《よこはましょうきん》銀行に勤め、さらに浅野セメント監査役などに就任。分家して男爵に叙《じょ》され、貴族院議員も務めた。

なお幸は信と異なり、慶喜が亡くなるまで存命だった。しかし、慶喜を看取《みと》った二年後の大正四年（一九一五）十一月二十九日、順天堂病院で死去した。その遺骸は、慶喜の墓所に葬られた。慶喜の墓の横に正室（御台所《みだいどころ》）美賀子《みかこ》の墓があり、二人の墓の後ろに信、そして幸の墓がある。年齢はすでに六十代後半であったと思われる。

コラム

本邦初の家族写真？

十二代大村藩主大村純熙正室　嘉庸《かよ》

天保七年（一八三六）～明治三十年（一八九七）

大村藩《おおむら》（二万七千九百石）の大村氏は、十二代藩主純熙《すみひろ》で三十代も続いた名族である。しかも、領地もずっと同じ肥前国彼杵《ひぜんのくにその》《ぎ》地方であった。

有名なのは、日本で初めてキリシタン大名となった大村純忠《すみただ》であろう。純忠は大友宗麟《おおともそうりん》（義鎮《よししげ》）、有馬晴信《ありまはるのぶ》とともにローマに天正遣欧少年使節《てんしょうけんおう》を送ったことでもよく知られている。だが、その子喜前《よしあき》の時代になると、一転してキリシタンの弾圧に転じた。関ヶ原の戦いでは西国大名の多くが西軍（石田三成《いしだみつなり》方）についたが、喜前は東軍についたので本領を安堵《あんど》され、以後、大村氏はそのまま幕末まで続いていった。

純熙は十代藩主純昌《すみよし》の十男として文政《ぶんせい》十三年（一八三〇）に生まれ、兄の十一代藩主純顕《すみあき》の養子となり、十七歳のときに十二代藩主となった。嘉庸《かよ》はそんな純熈の正室として大村家に入った。嘉庸は天保《てんぽう》七年生まれなので、純熈より六歳年下になる。実家は大和小泉《やまとこいずみ》藩（一万一千石）。嘉庸の実父の片桐貞信《かたぎりさだのぶ》は八代藩主であり、片桐氏は豊臣家の家老片桐且元《かつもと》の弟の流れをくむ。

文久《ぶんきゅう》二年（一八六二）、幕府は大名の妻子が国元に戻ることを許した。江戸から出たことのない二十七歳の嘉庸は、義母（前藩主の継室秋田氏）や側室が生んだ麗子《れいこ》らとともに彼杵地方へ入ったが、当時の記録が残っていないので、彼女がどんな気持ちをもっていたかはわからない。ただ、秋田氏のほうは、江戸に戻りたいと願っている。きっと慣れない土地で、不安も大きかったろう。

大村藩は、いち早く新政府方につき、薩長土《さっちょうど》三藩に次いで多い三万石という賞典禄《しょうてんろく》（戊辰《ぼしん》戦争で活躍した大名等に与えられる賞与）を授与されている。ただ、純熈の男児はみな早世してしまったので、純熈は佐土原《さどはら》藩主島津忠寛《しまづただひろ》の次男純雄《すみお》を養子とし、側室の喜和《きわ》が生んだ四女憲子と結婚させて家を継がせている。

純熈は明治十五年（一八八二）に死去したが、嘉庸はそれから十五年を生き、明治三十年（一八九七）に六十二歳で死去した。ただ、残念ながら嘉庸の人柄や

大村純煕と家族（長崎大学附属図書館蔵）
撮影場所は長崎大村藩蔵屋敷の玄関付近とされる。中央に腰かける男女が純煕と嘉庸であり、前で正座する姫の特定はできていない。ちなみに、次女の隆子は信濃松代藩の真田幸民夫人、四女の憲子は島津忠寛次男の純雄を迎えて家督を継いだ。三女の知久子は子爵の長岡護美（旧熊本藩主細川斉護の六男）に嫁いでいる

逸話は何も残っていない。

平成十六年（二〇〇四）、新人物往来社が『別冊歴史読本　サムライ古写真帖』を出版したが、そのなかに大名夫妻と四人の娘と思われる写真が「上級武士の家族」というタイトルで掲載された。これは長崎の有名な写真師上野彦馬《うえのひこま》の撮影写真集「武藤アルバム」（長崎大学附属図書館蔵）の一枚だった。この本を見た大村家の子孫の方から、「写真は純熈とその妻子である」という連絡が、出版社と長崎大学附属図書館に入り、初めて判明したのである。

大村市立資料館（現在の大村歴史資料館）の盛山隆行氏（当時）は、廃藩置県により、旧大名（華族）は東京居住を命じられたが、彼杵を出立した純熈夫妻はしばらく長崎の大村藩蔵屋敷に滞在しているので、写真はそのおりに玄関で撮影されたものではないかと推測している。

写真を見ると、全員がつまらなそうな、暗い表情をしている。なぜだろうか。一人を除いてレンズから目をそらしているので、写真を撮られると魂を抜かれると思っていたのかもしれない。

第二章

大名家

時代に翻弄されたお姫様

照姫《てるひめ》

九代会津藩主松平容保義姉

天保三年（一八三二）〜明治十七年（一八八四）

義弟との淡く、秘められた恋

婚家　会津藩

上杉、蒲生、加藤と外様の大大名のあとを受けて、3代将軍家光の異母弟である保科正之が山形から移封された。3代藩主の正容が松平の姓と葵の紋の永代使用を許され、親藩大名のなかでも越前松平家に次ぐ家格となり、東北支配の要として幕府に忠節を尽くした。幕末の9代容保は京都守護職に就任し活躍したが、大政奉還後に朝敵となり、新政府軍に攻められ、降伏した。

実家　飯野藩

上総国周淮（すす）郡地方を領有した藩。慶安元年（1648）、譜代大名の保科正貞が1万7000石を賜わり、立藩した。のちに加増され、石高は2万石となっている。藩主の多くが大坂定番に就任している「総南の名門」であり、廃藩置県に至るまで10代にわたって存続した。小藩ゆえ居城はなく、藩庁は飯野陣屋に置かれていた。

容保と家臣、その婦女子たち（会津武家屋敷蔵）
書物を手にする男女が容保と照姫といわれている

許嫁ではなくなった姫

照《てる》姫（松平照《まつだいらてる》）は、九代会津《あいづ》藩主松平容保《かたもり》の義姉である。

松平容保といえば、幕末に京都守護職《きょうとしゅごしょく》として新選組を配下に置き不逞《ふてい》浪士を取り締まり、京都の治安を守った藩主。だが、それがゆえに新政府の中核となった志士たちに憎悪《ぞうお》され、戊辰《ぼしん》戦争では新政府軍に攻め込まれ、会津藩は悲惨な敗北を喫してしまった。

そもそも歴史というものは、勝者がつくるもの。負けた側の言い分や弱者の声は抹消され、のちの世に残ることはほとんどない。薩長《さっちょう》（新政府）に敗れた会津藩も、ずいぶん長い間、賊徒《ぞくと》としての汚名を着せられ、辛い立場を強《し》いられてきた。

不幸の始まりは、藩主の容保が京都守護職を引き受けてしまったことにある。

幕末の京都は、長州《ちょうしゅう》藩を中心とする尊攘《そんじょう》の志士たちが朝廷を牛耳り、将軍の上洛や攘夷《じょうい》決行を求め、開国派や幕府方の公家らを次々と暗殺した。また、豪商や町人に金をせびる輩《やから》も多く、京都の治安は乱れていた。

文久《ぶんきゅう》二年（一八六二）、幕府の人事が一新され、福井《ふくい》藩主の松平春嶽《まつだいらしゅんがく》（慶永《よしなが》）が政《せい》事総裁職《じそうさいしょく》に就任する。このおり幕府の新首脳部は、京都所司代《きょうとしょしだい》が京都の治安を守り切れない状況になったので、京都所司代、大坂城代、京都奉行《ぶぎょう》、伏見《ふしみ》奉行、大坂奉行、奈良奉行の上位にあって、これらを統括し、畿内諸藩の軍事指揮権をもつ新職を設けることにした。それが京都守護職だ。この職は役料として五万石を給され、これと別に、毎年一万両、米二千俵を与えられることになった。

春嶽は、松平容保に京都守護職の就任を打診した。容保は八代藩主容敬《かたたか》の養子として会津藩主になった人物で、もともとは美濃国高須《みののくにたかす》藩主（三万石）松平義建《よしたつ》の六男として天保《てんぽう》六年（一八三六）に生まれた。

このとき容保は、まだ二十代の後半だったが生来、虚弱な体質であった。それに、給される役料だけでは、とうてい守護職の仕事をまかない切れない。このため本人も重臣たちも、引き受けるのは無理だと判断、春嶽にはっきり固辞した。しかし、春嶽はその後もあきらめず、わざわざ会津藩邸に赴《おもむ》いて説得したり、哀願する手紙を書いてよこした。

最終的に容保は、京都守護職を引き受ける決断をする。決定打となったのは、春嶽からの手紙だった。

そこには「土津公《はにっ》あらせられ候《そうら》わば、必ず御《お》受《う》けに相成り申すべくと存じ奉り候」と書かれていた。土津公とは会津藩祖保科正之《ほしなまさゆき》のこと。つまり、春嶽は「もし正之公なら、必ず引き受けてくださるでしょう」としたためたのである。これが容保の忠義心に火をつけてしまったらしく、容保は病身を押して同職を拝命する決意をした。

家老らはなおも反対したが、これに対して容保は家訓《かきん》第一条を口にした。この瞬間、誰もが口をつぐみ、異をとなえる者は霧消した。

家訓は全部で十五か条。うち第一条は「大君（将軍）の儀、一心大切に忠勤に存ずべく、列国（諸藩）の例を以てみずから処すべからず。若《も》し二心を懐《いだ》かば、則《すなわ》ち我が子孫にあらず」。つまり、「会津藩士は将軍への忠節を第一とし、他藩のように行動せず、将軍家に尽くせ」というのが大意だ。

保科正之は二代将軍秀忠《ひでただ》の落胤《らくいん》だったが、秀忠は死ぬまで正之を認知しなかった。しかしその後、三代将軍家光《いえみつ》が弟である正之の存在を知り、その聡明さに感心し、会津二十八万石の太守に取り立ててくれた。正之は、その恩に報いるべく、こうした文言を家訓の冒頭にもってきたのだ。

いずれにせよ、容保は政争の中心地たる京都において、新選組を配下によく治安を守り、ついに長州《ちょうしゅう》の尊攘派を追い払い、朝廷に重きをなした。が、やがて倒幕派が優勢になり、鳥羽《とば》・伏見の戦いで旧幕府方が敗れると、会津藩は朝敵となり、新政府軍が大挙して会津領に押し寄せてきた。家中は女も子供も老人も一致団結して戦うが、多勢に無勢、結局、多くの犠牲を出して降伏を余儀なくされた。

この籠城戦で、会津の女たちをよくまとめたのが、照姫であった。

照姫は、天保三年（一八三二）に上総国飯野《かずさのくにいいの》藩（二万石）主保科正丕《まさもと》と側室の民（柳生《やぎゅう》藩士佐々木右兵衛の娘）の娘として江戸で生まれた。保科という苗字から想像できるように、飯野藩は会津藩祖保科正之から分かれた一族だった。そんなこともあり、天保十四年、照姫が十二歳になったとき、正丕の正室栄寿院《えいじゅいん》の養女となったうえで、八代会津藩主松平容敬の養女となった。

容敬は、正室や側室に子供ができても、次々と夭折《ようせつ》してしまっていた。そこで四十歳近くになってしまったこともあり、男女の養子を迎えて手元で育て、やがて家を継がせようと考えた。

照姫を養女にした翌年、容敬は高須藩主松平義建の六男を養子に迎えた。この十歳の少年が、のちの容保である。

高須藩から養子を迎えたのは、容敬の父義和《よしなり》が養子として九代高須藩主となっていたからだ。このため容敬は異母兄で十代高須藩主の義建の子を養子としたのである。飯野藩から会津藩祖保科氏の血筋である照姫を迎え、さらに自分の血筋である容保を彼女と結婚させようというのは、よく理解できる。ところが、容保の養子の話が内々に決まって約半年後、容敬の側室岡崎須賀が女子を生んだのである。

この子は敏《とし》姫と名付けられた。こうなってくると、容敬としても照姫を養女に迎えたものの、我が子と容保を結婚させたいと考えるのは当然だろう。ところが不思議なことに、照姫に代えて敏姫を容保の許嫁《いいなずけ》としなかったのである。そもそも内々に決まっていたのに、正式に容敬が幕府に容保との養子縁組を申請したのは弘化《こうか》三年（一八四六）のことであった。もしかしたら、敏姫がすくすくと育っているので、須賀が男子を生んでくれるかもしれないと期待したのかもしれない。だが、その兆候がなかったので、結局、容敬は正式に十一歳の容保を自分の跡継ぎとしたのだろう。

喜ばしいことに敏姫は、ほかの子と違って夭折せず、そのまま育ってくれた。結果、やはり、容敬は自分の娘と容保を結婚させることにした。だが、そうなると照姫の会津藩での立場がなくなってしまう。そこで容敬は、嘉永《かえい》元年（一八四八）、豊前国中津《ぶぜんのくになかつ》藩主奥平昌服《おくだいらまさもと》のもとに照姫を嫁がせることを決め、嘉永三年に輿入《こしい》れさせている。奥平氏は十万石の大名である。二十三万石には及ばないが、二万石の小藩出身の照姫にとっては十分な嫁ぎ先だといえ、容敬の照姫に対する愛情がわかる。

会津に出戻った理由

嘉永五年（一八五二）、松平容敬は四十七歳の生涯を閉じ、容保が十七歳で会津藩主

松平容保（会津若松市蔵）
鎧直垂、籠手、佩楯、臑当、毛沓に陣羽織をつけている。陣羽織は京都守護職を拝命したさい、孝明天皇から拝領した緋衣で仕立てたもの

の地位を嗣《つ》いだ。すると、それから二年後、何とも奇妙なことに、照姫が会津藩に戻ってきたのである。

確かに奥平昌服との間には五年間、子供ができなかった。「子なき女は家を去れ」などといった時代だが、江戸時代の大名家において、実子が生まれなかったことで実家に戻った正室は、ほとんどいない。つまり、照姫は自分の意志で奥平家を出た可能性が高い。夫昌服との間がうまくいかなかったのかもしれない。ただ、それならば、なぜ自分が生まれた保科家に戻らず、会津藩松平家に身を寄せたのだろうか。

そうしたことを考えると、照姫自身、会津藩に帰りたかったのか、あるいは藩主容保が「戻ってきてほしい」と望んだとしか考えられない。

いずれにせよ、照姫はふたたび江戸の会津藩邸で生活することになった。そこには、生まれたときから仲よくしてきた敏姫がいた。そんな敏姫は、それから二年後の安政《あんせい》三年（一八五六）に十四歳で、二十一歳の容保の正室となった。

「はたちあまり五とせにならせ給ふことほぎ侍りて

　ことしより　君がかさねん万代を　しるくもこたふ　ともづるのこゑ

　すゑとほき　君にひかれてわか松も　いく十かへりの　春むかふらん」

（柴桂子著『会津藩の女たち』恒文社）

照姫はこの結婚を祝い、歌を詠《よ》んだ。和歌に秀で歌人としての才能があり、約二千首もの歌を残している。

だが、容保と敏姫の間には子ができず、文久《ぶんきゅう》元年（一八六一）十月二十二日、敏子は十九歳の若さで病歿してしまった。

「明くれなつかしくむつまじくうちかたらひたる君の、はかなくならせ給へるに、ただ夢とのみ思はれていとかなしさのままに」

そう詞書《ことばがき》したのち、

「千とせとも　いのれる人のはかなくも　さらぬ別《わかれ》に　なるぞかなしき」

（『前掲書』）

と、赤子の頃から妹のように可愛がってきた敏姫の死を、直情的な歌にしたのだった。

会津若松城（会津若松市蔵）
戊辰戦争後、東面から撮影された古写真。新政府の命令により、明治7年（1874）にとり壊された。およそ1か月に及ぶ籠城戦を経験した数少ない近世城郭の一つである

翌年、すでに述べたとおり、容保は京都守護職を拝命して京都へ旅立つことになった。

このおり照姫は、

「京へ登らせ給へるうまのはなむけすとて祝の心を」

と詞書したあとで、

「さはりなく　かへります日をたび衣　たち給につけて　いのるこころかなきてかへる　頃さへゆかし都ぢの　錦を君が　袖にかさねて」

と詠み、三歳年下の容保の、無事の帰還を祈った。

京都に着くと、容保は陣羽織に烏帽子《えぼし》姿の写真を照姫に贈った。

すると彼女は、

「少将の君より写真焼といへるものを送り給へるに、久々にて気近うたいめい給はる心《ここ》ちして猶《なお》平らかに勇しうわたらせ給ふ御姿に、いとうれしくおはすればかたじけなくて」

と詞書して、

「御心の　くもらぬいろも明らかに　うつすかがみの　かげぞただしき」（以上『前掲書』）

と詠んだ。

かつては、自分の夫になるはずだった容保、そんな容保が京都から写真を送ってくれた。その姿は凛々《りり》しく勇ましい。久しぶりに間近で会えた気がしたと記す。すでに照姫は二十代後半になっていたが、明らかに恋する乙女心が見て取れる気がする。

非情な激戦の果て

やはり、照姫は嫁いでからもずっと容保のことを密かに思っていたのではないだろうか。

容保は京都守護職という激務のなかで、たびたび体調を崩した。会津藩も莫大な出費を強いられて苦しい財政状況に転落していった。そうしたなかで水戸《みと》藩主だった故徳川斉昭《とくがわなりあき》の十九男（喜徳《のぶのり》）を養子に迎えたのである。もともと容保の祖父義和が水戸家の出身だったので、そういった意味では喜徳とは血縁関係にあった。慶応《けいおう》三年（一八六七）正月、容保は京都に喜徳を呼び寄せた。体調が悪かった容保は、京都守護職を辞任し、藩主の地位も喜徳に譲ろうと考えたのであろう。

ところがそうした矢先、将軍慶喜《よしのぶ》が大政奉還《たいせいほうかん》をおこなって幕府は消滅、十二月には倒幕派のクーデターにより朝廷に新政府が樹立されたのである。新政府は慶喜に対し辞官納地《じかんのうち》を求めてきた。けれど、慶喜は兵を連れて二条城から大坂城へ撤収。容保もこれに随行して大坂城へ入った。翌慶応四年正月、ついに旧幕府軍は薩長を中心とした新政府軍と鳥羽・伏見で激突、旧幕府方の中心となっていた会津軍はあっけなく敗れ去った。これを知った慶喜は、味方もだましてにわかに江戸へ敵前逃亡をはかった。このおり、容保も同行させられた。

突然、江戸に戻ってきた容保に対し、会津藩邸はてんやわんやなうえに、容保の弟で桑名《くわな》藩主松平定敬《さだあき》も一緒についてきたので、さらに混乱した。

同年二月、容保は喜徳に藩主の座を譲り、新政府に恭順《きょうじゅん》の意を示した。やがて、新政府軍に敗れた家臣たちが江戸に戻ってきた。このとき容保は家臣を集め、慶喜とともに敵前逃亡したことを謝罪し、同月、彼らを引き連れ会津へ戻った。

翌三月、徳川家が江戸城を無血開城することで、江戸の総攻撃は中止された。だが、徳川家とは異なり、かつて志士を弾圧した会津藩は許されず、容保がいくら謝罪しても、それが受け入れられることはなく朝敵とされ、慶応四年八月、とうとう新政府軍が会津領になだれ込んできたのだ。

会津家中は、老若男女が一丸となり若松《わかまつ》城に籠《こ》もって戦った。会津の地には「会津藩殉難烈婦碑」が立つが、この碑は会津戦争の犠牲となって戦死した数百名の武家の女性を供養《くよう》するために建立したものだ。これほど多くの女性たちが、敵に挑んで戦死した例は、戊辰戦争だけでなく戦国時代においてさえ例がないだろう。

じつは照姫も若松城のなかにいた。彼女も二月に江戸から会津にやってきていたのだ。

三万という膨大な新政府軍が若松城を取り囲み、蟻《あり》の這い出る隙間さえない。しかも城内への着弾も正確になり、雨のようにあちこちに砲弾が降り注いだ。だが、驚くべきことに、弾が落ちるたびに子供や女性たちはその弾に向かって走っていった。

彼らが手にしているのは濡れた着物や布団だった。当時の砲弾は、落ちてから破裂するまで時間がかかる場合があり、その前に濡れたものをかぶせると爆発を防ぐことができた。これを「焼き玉押さえ」と呼び、不発弾は味方の砲弾として再利用できた。

だが、たびたび破裂して多くの女性や子供が犠牲となった。けれど、どうせ死ぬのだと覚悟していた会津藩の子女たちは、そんなことはまったく恐れず、弾が落ちるたびに濡れた着物を手に走り寄った。

照姫は焼き玉押さえこそしなかったが、率先して怪我《けが》人の看護を指揮した。いつしか照姫が会津の女性たちの象徴となり、多くの女性が「照姫さまのために戦い抜く」と言うようになった。まるで女城主のようになったのである。きっと、人を引きつける力があったのだろう。

だが、六倍以上の大軍に包囲され、連日激しい砲撃を浴び続け、城下は灰燼《かいじん》に帰し、城内の矢玉も尽きたことで、完全に勝機は消え、もはや死を待つしかない状態となってしまった。九月十四日には、新政府軍の総攻撃が始まり、会津側には多大な犠牲者が出、若松城は砲弾で穴だらけになり、見るも無惨な姿となった。

友軍の米沢藩《よねざわ》もついに新政府軍に降伏、米沢藩士らが会津の将として高久村《たかく》で抵抗していた萱野権兵衛《かやのごんべえ》に降伏を勧めてきた。萱野は、軍事奉行添役《そえ》の秋月悌次郎《あきつきていじろう》に米沢藩からの書簡を渡し、それを読んだ藩首脳部は降伏に傾いた。ここにおいて、松平容保はついに開城を決意、九月二十一日に藩士たちにその決定を伝え、二十二日、若松城に大きな白旗をかかげさせたのである。

その日、容保は養子の喜徳を伴って若松城を出た。甲賀町《こうかまち》通りには降伏式の会場が用意されていた。新政府からは軍監の中村半次郎《なかむらはんじろう》と山県小太郎《やまがたこたろう》らが出席した。会場には錦《にしき》の御旗《みはた》がはためき、真っ赤な毛氈《もうせん》が敷き詰められていた。容保は中村らに対し、降伏謝罪状を差し出し、式典は終わった。家老たちも連名で藩主父子への寛大な処置を求める嘆願書を提出した。このときの毛氈は現存する。「泣血氈《きゅうけつせん》」と呼ばれているが、一メートル四方の大きさしかない。それは、家臣らがこのときの悔しさを忘れま

会津藩降伏調印式の錦絵（会津若松市蔵）
赤い敷物の上に立つ松平容保。後ろには嫡子の喜徳。二人の後方で筵の上に座るのが、梶原平馬、秋月悌次郎、原田対馬。右手に新政府軍の板垣退助、中村半次郎が描かれている

いとして、おのおのが切り取って持ち帰ったからだと伝えられる。

容保はふたたび城に戻ると、家臣に別れを告げ、戦死者を葬った城内の井戸や二の丸にある墓地に出向いて花束を手向け、その日のうちに追手門から城を出て滝沢村《たきざわむら》の妙国寺《みょうこくじ》に入ったのである。

ただ、悲惨な籠城のなかでも、おめでたいことがあった。

容保の側室の佐久《さく》と名賀《なか》（喜代《きよ》）がともに身ごもったのである。城から出た身重の二人は、城下の御薬園《おやくえん》や大龍寺《だいりゅうじ》での生活が認められた。名賀は三月に美弥《みね》（峯）姫を出産、さらに佐久は六月に容大《かたはる》を生んだ。大望の男児の誕

生であった。彼女たちは静養願いを出し、江戸へ連行されることを免《まぬか》れた。

一方、照姫も城から出た。ただ、一行が郊外の甲賀町近くまで来たとき、道の両側にいた領民たちが照姫たちの行く道を狭め、罵詈雑言《ばりぞうごん》を浴びせたうえ、「照姫は不細工《ぶさいく》な側室とは違い、美人だというではないか。戸を開けて顔を見せろ」と駕籠《かご》に手を伸ばす者さえいたという。彼らが興奮すれば、照姫の身はどうなるかわからない。

なぜ領民たちは、このような無礼を働いたのだろう。その最大の理由は、領民が藩から重税を課せられていたことであった。だから会津戦争時、応援するどころか、戦いを山の上から弁当を食いながら見ていた者もいたという。それくらい、藩士と領民の関係は冷めており、それがゆえに、このようなことも起こったのである。

いずれにせよ、まさに照姫は危機的な状況であった。すると、一人の老尼が駕籠の前に立ちはだかり、手拍子を叩いて謡曲を歌い、そのまま駕籠を先導していったので、人々は度肝《どぎも》を抜かれて道をあけ、やがて武士たちがやってきたので、どうにか助かったのだった。

照姫はその後、荒れ果てた妙国寺に入って剃髪《ていはつ》し、名を照桂院《しょうけいいん》と称した。

「荒れはてし　野寺のかねもつくぐ〜と　身にしみ増さる　夜あらしのこえ」

とその無念さを詠《うた》った照姫の和歌である。

明治二年（一八六九）二月、照姫は東京へ移されることになり、二十名ほどの供を連れて三月に東京に到着し、紀州《きしゅう》藩邸に入って謹慎することになった。

一方、容保は降伏・謹慎ののち、粗末な駕籠に乗せられて江戸へ護送され鳥取《とっとり》藩主池田慶徳《よしのり》に預けられた。ただ、死一等を減じられ、処刑は免れることになった。しかし、その代わりに家老三名の首が要求された。このうち田中土佐《たなかとさ》、神保内蔵助《じんぼくらのすけ》はすでに自刃《じじん》していた。だが、あと一人、犠牲にならねばならない。その役を買って出たのが、萱野権兵衛だった。

これを知った容保は、萱野に書簡を送った。

「私の不行き届きより、このようなことになり、まことに痛哭《つうこく》に堪《た》えない。一藩に代わって命を捨てること、不憫《ふびん》である。もし面会できるなら、お前に会いたい。が、それは叶《かな》わぬこと。お前の忠義は、深く心得ている。このうえは、潔《いさぎよ》く最期を遂げてくれるようにお頼み申す」

偶然かどうかわからないが、萱野は照姫の実家飯野藩の藩邸で切腹することになった。これを知った照姫も、萱野に対して次のような手紙を送った。

「扨《みぎり》、此度《こたび》の儀、誠に恐入候次第　全《まったく》　御二方身代りと存　自分に於《おい》ても　何共申候様も無気之毒　言語に絶し惜しみ候事存候　右見舞の為申進め候　照　権兵衛殿へ」

（『会津藩の女たち』）

萱野は二人の書簡を目にし、涙を流し、粛々《しゆくしゆく》と死についたことであろう。

容保の身柄は紀州藩へ預け替えとなった。

新政府は会津領を没収したうえ、藩士の身柄を越後高田《えちごたかだ》藩へ移した。二百年以上慣れ親しんだ故郷の地から引き離したのだ。

翌年、会津藩は容大を藩主として再興を許されたが、二十八万石の大藩は、たった三万石に削減され、陸奥《むつ》や蝦夷《えぞ》地《ち》の荒野をあてがわれた。入植した藩士らは、藩名を斗南《となみ》と改め、新地で生きようとしたが、貧困と飢《う》えにさいなまれ、廃藩置県後、多くがその土地を離れていった。

それより前、照姫は実家の飯野藩邸に預け替えとなって、ほとんど自由に生活できるようになり、明治三年の容保の長女美彌姫の初節句の祝いにも参加している。

明治五年正月、容保は正式に謹慎を解かれた。この頃から照姫も外出を楽しみ、以後、容保とも歌や贈答品のやりとりをするようになった。

ずっと江戸住まいだった照姫には、会津ではよい思い出がなかったはずだが、晩年、何度か会津へ赴いている。会津では東山《ひがしやま》温泉に逗留しながら、名所を訪ね歩き、歌を詠んだ。そして、それから数年後の明治十七年（一八八四）二月十八日、東京小石川《こいしかわ》の保科邸（当主正益《まさあり》は実弟）に滞在中だった照姫は五十二歳の生涯を閉じた。
容保への想いは、ずっと秘めたままだった。

貢姫《みつひめ》

六代川越藩主松平直侯正室

天保十年（一八三九）〜大正七年（一九一八）

文武両道の才媛の幸せとは？

婚家　川越藩

天正18年（1590）、酒井重忠が1万石で入封し、立藩した。その後は堀田家、柳沢家、松平家と続いていく。歴代藩主は親藩・譜代大名であり、松平信綱、柳沢吉保など幕職の要である老中になるなど、とりわけ重臣たちが配置されていた。川越の地は江戸北方の守りでもあったため、軍事面でも重要視していたことがわかる人選である。

実家　佐賀藩

慶長12年（1607）、国主であった龍造寺氏の断絶に伴い、その重臣であった鍋島直茂が主家の所領を継承した。このさい、旧臣から恨みを買い、藩内は御家騒動に発展したものの、鍋島家は12代にわたって続く。幕末、10代藩主直正の改革によって西欧の科学技術を手にし、維新後は新政府内で発言力を強め、大隈重信をはじめ優秀な人材が活躍した。

松平健子（貢姫／鍋島報效会蔵）

藩政改革の鑑

貢《みつ》姫（松平健子《まつだいらたけこ》）は、天保《てんぽう》十年（一八三九）八月二十六日、肥前佐賀《ひぜんさが》藩主鍋島直正《なべしまなおまさ》（閑叟《かんそう》）の長女として生まれた。

直正は、幕末の名君として世に知られている。

貢姫を紹介する前に、直正の業績について少々紹介しよう。

直正が佐賀藩を継いだのは文政《ぶんせい》十三年（一八三〇）のことである。以後、文久《ぶんきゅう》元年（一八六一）に隠居するまでの三十一年間を藩政の改革に費《つい》やした。

直正が改革を決意したのは、初入部のときだった。文政十三年三月二十二日、直正は国元佐賀へ向け江戸を発《た》ったものの、昼前に品川に着いた行列は、日暮れ時になっても動かない。そこで直正が家臣に理由を尋《たず》ねると、「後続の藩士たちが出発するさいに、商人たちが借金の返済を求めて押しかけ、出立できないのです」という答えが返ってきた。

「それほど、わが藩は貧しいのか」

ショックを覚えた直正は、このとき藩政改革を決意したといわれる。

同年の佐賀藩収支を見ると、表高三十五万七千石の蔵入地《くらいりち》からの年貢は九万石。これは、藩歳入全体のわずか一二パーセント。対して商人からの借金は七三パーセント。

驚くべき数値だといえる。しかも、支出の半分近くが借金の返済にあてられている。財政は完全に破綻《はたん》していたわけだ。

そこで直正は「以後は借金に頼らず、年度の収入だけで藩の財政を賄う」と家中に宣言したのである。そして、豪商からの巨額な負債については、藩債の一部を商人に渡し、残金を七十年や百年という気の遠くなる年賦《ねんぷ》返還としたり、負債を献金という形にして帳消しにさせたりした。実質上、踏み倒したわけである。

また、参勤交代の随員を百名減らし、藩庁役人四百二十人の首を切った。これは、役人の三分の一にあたる人数で、驚くべきリストラで人件費を減らしたのだ。

藩組織も改編した。請役《うけやく》（藩政の最高責任者）に改革派の鍋島安房守《あわのかみ》（直正の異母兄）をつけ、分散していた行政機構を請役を長とする請役所の管轄下に置き、中央集権的行政機構をつくり上げ、請役所の役人に優秀な中・下級武士を登用した。

こうして中央に権限を集めたうえで、最初に農村改革を断行した。

佐賀藩では農民の商人化現象が見られ、商品作物を密かに栽培して貨幣を手に入れたり、耕作に従事せずに日雇いの仕事をする農民が増加していた。また、農村には日用雑貨店や古着商、鋳物《いもの》屋や在方（在郷）商人が進出、貨幣経済に巻き込まれた農民が借金のために土地を手放して小作に転落したり、耕作を放棄して商人に転身する者が増え、本百姓体制の維持が困難になっていた。

そこで直正は、農村にいる商人をすべて城下へ強制移住させ、同時に、小作人の地主への加地子《かじし》（小作料）を免除した。さらに、不在地主の土地を取り上げ、直接耕作者である小作人に分与したのだ。

これを均田制と呼び、自力で切り開いた開発地以外は、地主から土地を没収し、三十町以上の地主には六町、それ以下の者には三五パーセントの所有のみを許し、そのほかは小作人や貧農に与えてしまった。これで損をするのは地主のみ。小作人は願ってもないことだし、領主の年貢量にも変化はない。しかも、多数の本百姓が創出できるとあっては、藩にとって一石二鳥だ。まさに、革命と呼べる土地制度の改変であった。

次いで直正は、軍政改革に心血を注いだ。

佐賀藩は天保三年から、カノン砲、モルチール臼《きゅう》砲といった洋式大砲の鋳造《ちゅうぞう》研究を始め、数年後、大砲の模型を完成させる。天保八年にはオランダから大砲を輸入し、それを模した銅製砲をいくつも鋳造した。

だが、弾丸を発射するさいの強烈な衝撃に耐えられず、いずれも壊れてしまっている。やはり、大砲は鉄製でなければならなかったが、それをつくるには鉄を大量に鋳潰す反射炉が必要だった。そこで佐賀藩は、長年にわたって反射炉の研究を重ね、ついに嘉永《かえい》三年（一八五〇）にこれを完成させ、二年後に鉄製三六ポンド砲の製造にも成功した。

小銃の開発にも力を注ぎ、安政《あんせい》四年（一八五七）、ドントル銃を製作、翌年にはオランダの鉄砲製造機を導入して大量生産を開始した。一説によれば、文久三年にはイギリス式アームストロング砲の鋳造にも成功したという（異説あり）。

直正は万延《まんえん》元年（一八六〇）、佐賀兵に「総鉄砲《そうでっぽう》」を命じ、弓・槍などを完全に禁止し、全員に鉄砲を与えて徹底的な洋式訓練を施した。また、毎年のように軍事演習をおこない、実戦向けの強力な軍隊をつくり上げていった。

鍋島直正（国立国会図書館蔵）
出自を問わない人材の育成・登用や、西洋文明を積極的に採用い、破綻寸前の藩を救った

にもかかわらず、幕末の佐賀藩は、江藤新平《えとうしんぺい》や大隈《おおくま》重信《しげのぶ》など、一部の藩士の活

躍は見られたものの、藩全体としては沈黙を守り続けた。だからこそ、幕府方も朝廷方も、味方に引き入れようと懸命の工作をおこなったのである。

直正はおそらく、最後の決定的瞬間において、キャスティングボードを握ろうとしていたのではないだろうか。そして鳥羽《とば》・伏見《ふしみ》の戦いののち、新政府方に味方し、戊《ぼ》辰《しん》戦争で大きな活躍を見せ、新政府の中核に食い込んだのである。

政治的にも老獪《ろうかい》な直正だった。

名君直正の養女

だが、そんな直正は、なかなか子供に恵まれなかった。直正の正室は、十一代将軍徳川家斉《とくがわいえなり》の娘盛《もり》姫である。盛姫はなんと、家斉の十八女にあたった。驚くべきことにこの将軍は、四十名近い側室に五十五人の子供を生ませ、早世した子も多いが、生まれた子の多くを大藩の婿養子や嫁に出している。

家斉は佐賀藩鍋島家へも、文政八年（一八二五）、世嗣《せいし》だった直正に自分の子を輿入《こしい》れさせたのだ。このとき盛姫は十五歳。一方、直正は十二歳で、盛姫より三歳年下であった。

佐賀藩では天保六年（一八三五）に佐賀城二の丸が焼失し、その再建費の捻出《ねんしゅつ》に苦労したが、このおり盛姫の伝手《つて》で幕府から二万両という大金を貸与してもらえたという。さらに直正が右近衛少将《うこんえのしょうしょう》という高い地位につけたのも、彼女の助力だと伝えられる。

けれど、盛姫は家斉の娘だからとて、将軍家の威光をかさに着るようなことはなく、舅《しゅうと》などにもかしづいて仕え、侍女も慈《いつく》しんだので、皆が彼女を敬愛したという。また直正の改革の主旨をよく理解し、みずから率先して経費の節減に協力したのである。

ただ、惜しいかな、二人の間には子ができなかった。

そんなわけで、直正の初子、貢姫の生母は、側室の森山氏の娘であった。

側室に初めて子供が誕生したということで、直正の喜び方は尋常《じんじょう》ではなかったという。

貢姫は、七歳になったとき佐賀の地を離れた。そして、侍女の幾山《いくやま》ら十三名とともに江戸桜田《さくらだ》の佐賀藩邸へ入り、盛姫のもとで養育されることになった。

盛姫は、貢姫を実子のように可愛がり、新しくしつらえた着物などを着せるなどして、自分の手元に置き、みずから手習いを教えた。このときの様子を貢姫は思い出して、次のように書き留めている。

「幼ければ、手遊びさまざま何くれと御心を入れさせ給《たま》ひ、それより日ごと日ごと、母君御かたわらにはべりて、もろこしの文、湖月、古今集など、文読むわざを教へ給ふ。手習いはもとより、琴、画、和歌。ことに絵かくなどは、手をとりて教へさせたまふ。外のさまざまのこと教へさせ給う」（松平慈貞院著・中野礼四郎編『松の露』）

大名の子供は、乳母が教育するのが当たり前の時代にあって、よほど貢姫が愛《いと》おしかったのか、盛姫は彼女を近くに置き、さまざまな学問や芸をみずから教えていたことがわかる。

そんな盛姫の愛情を受けての楽しい生活も二年で終わりを告げる。

不幸にも弘化《こうか》四年（一八四七）、盛姫がまだ三十七歳の若さで亡くなってしまったのだ。貢姫が九歳のときのことである。きっと貢姫もショックだっただろう。

直正はその後、継室として御三卿《ごさんきょう》の田安《たやす》徳川家から筆子《ふでこ》を迎え入れた。筆子も盛姫同様、温厚で賢い女性だった。

お姫様教育の真実

さて、この時代の姫の教育だが、後年の貢姫（慈貞院《じていいん》）が記し、中野礼四郎が編集した『松の露』という書物のなかに、毎日の勉強の日課が記されている。それを見ると、いかにたいへんだったかがよくわかる。ちょっと紹介しよう。

「文武の道はもとより、各種の技芸をも励み学び給ひければ、早朝より深更に至るまで、ほとんど御休息の暇《いとま》とてはあらせられず。朝、含嗽手水《がんそうちょうず》を済したまへば、直《じか》に御手習いの稽古あり。朝の御膳の後、入浴あらせられ、昼の御装いとなりて着坐せらるれば、それぞれの教師まかり出でて和漢の文学を教へ参らせ、昼餐《ちゆうさん》のあとは音楽、香、花、茶の湯など、それぞれ式日を定めて稽古を励み給ひ、夜は細工物などに暇とてもあらせられず。されば、夏の日の暑きも少しも厭《いと》はせらるることなく、学びの道にいそしみ給ひ、冬の夜のいと寒きも、露嫌ひ給ふところなく、婦道を磨き給ふ」

こんな毎日を送っているとは、姫も楽ではないことがよく理解できるだろう。

ただ、彼女は特別だったようだ。というのは「お側の老女等はあまりの御勉強に、御身に障《さわ》ることもあらば、如何せんなどと、眉《まゆ》をひそむるくらいなりき」とあるからだ。

つまり、貢姫は好きで、このような日課を喜々としてこなしていたわけだ。

教師たちの履歴も『松の露』から判明する。

漢書の手ほどきは、佐賀藩の藩校・弘道館《こうどうかん》の教授である吉村雄平から受けたが、その後、九歳のときに教導役となった久保文斎《くぼぶんさい》（鍋島直正の侍医）が受け継ぎ、さらに漢詩や書、茶の湯なども教えたのだった。

この文斎という人物は温厚で緻密《ちみつ》な性格で、和漢の学に長じ、よく貢姫を輔導《ほどう》啓発した。茶道については藩内に師匠がいなかったので、わざわざ文斎自身が山田宗伯のもとで茶を習い、その技を貢姫に伝授したという。このような学者肌の文斎の熱意により、貢姫は学問を学ぶ楽しさに目覚めたのだろう。

このほか貢姫は、和歌を細井信子（橘千蔭《たちばなちかげ》の門人）に、絵画を古川松根《ふるかわまつね》に、琴を山《やま》本検校《もとけんぎょう》に、笙《しょう》を三浦幾岡に、香道・生け花を野口るい子に学んだ。ただ、学んだだけではない。琴や笙、香道は免許や奥義を得ているのである。

さらに、女性ながら武芸にも興味をもち、薙刀《なぎなた》を静《しずか》無敵流の達人である江副杢之進に習い、さらに乗馬の稽古に励んだという。

まさにスーパーウーマンである。

「元来、怜悧《れいり》（利口）の天性とて、学芸日に月に進歩せられ、文斎もその上達の早さに驚きたる位なりき」

というように、教えたものはなんでも砂が水を吸い込むように吸収してしまったのだ。

そんな聡明さゆえ、父親の直正は貢姫が可愛くて仕方なかったようで、嘉永七年（一八五四）以後、亡くなるまでの十数年間で彼女に宛てた手紙を約二百通もしたためている。

だが、いくら愛しいからといって、貢姫をずっと手元に置いておくことはできない。やがて、送り出す日がやってきた。

嫁としての激動の日々

安政元年（一八五四）に縁談がもち上がり、翌年、十七歳で貢姫は直正のもとから巣立っていった。お相手は、川越《かわごえ》藩主の松平直侯《まつだいらなおよし》。直侯はもともと、水戸《みと》藩主徳川斉昭《なりあき》の八男で八郎麿と称した。一つ上の兄・七郎麿がのちの将軍慶喜《よしのぶ》である。

直侯は幼い頃に川越藩主松平典則《つねのり》の養子となり、嘉永七年に十六歳で家督を継いだ。

直侯は、多くの斉昭の息子のなかで最も優れており、その気質もよく父親に似ていたといわれる。直侯は藩主になると、質素倹約につとめ、綿の服を身につけ、食事の副食も減じ、あらゆる経費をカットしていったので、財政も好転していき、臣下より崇敬《すうけい》され、名君と仰《あお》がれた。

そんな人物ゆえ、その正室にも聡明な女性を迎えようということになり、川越藩士の山田信助が直侯の実家である水戸藩に相談をもちかけたようだ。そこで徳川斉昭の腹心である藤田東湖《ふじたとうこ》が貢姫に白羽の矢を立てたのである。

東湖は、天下に名の知れた学者である。貢姫はそんな男の眼にかなったわけだ。

さっそく東湖がこの縁談を佐賀藩の能吏《のうり》である島義勇《しまよしたけ》に打診したところ、「直正公は二十万石以下の大名には貢姫を嫁がせないとおっしゃっているが、直侯様は徳川御三家出身の名家の出ゆえ、きっと大丈夫だろう」と返答した。

じつは直正が大藩の嫁にこだわったのは、ワケがある。まだ貢姫が五歳だった天保十四年（一八四三）、薩摩《さつま》藩主の島津斉彬《しまづなりあきら》が「ご令嬢があると聞く。鳥取《とっとり》藩三十二万石の池田慶行《いけだよしゆき》のもとに輿入れさせる気はないか」と打診され、直正がこれを了承したので、婚約がととのった。慶行は十二歳の少年藩主であったが、体格のよい文武両道の若者であり、直正もその将来に大いに期待していた。ところが、嘉永元年にあっけなく亡くなってしまったのである。

こうした過去があったればこそ、直正は貢姫の嫁ぎ先にこだわったわけだ。

いずれにせよ、福井《ふくい》藩主松平春嶽《しゅんがく》（慶永《よしなが》）の媒酌《ばいしゃく》により縁談がととのい、安政二年九月二十日、貢姫は桜田《さくらだ》の藩邸から霊南坂《れいなんざか》にある川越藩邸に入った。三十六万石の姫君ということもあり、その嫁入り道具はまことにきらびやかなうえ、輿入れに供する人々の服装もあでやかで、「誠に目も眩《くら》むばかりにて、当時に見るところなりき」（『松の露』）だったと伝えられる。

ただ、嫁入りしてみると、夫の直侯はあまりに質素な格好をしている。すると貢姫は「私もあなたと同じ、綿の服を着させてください」とけなげにもみずから申し出たという。これを聞いた直侯は大いに喜んだものの、「婦人の身だしなみは大事だから、それには及ばない」と強く諫《いさ》めたので、やむを得ずその仰せに従った。

夫婦仲はたいへんよく、直侯は毎朝、肩衣《かたぎぬ》をつけて貢姫と会い、その後、学問武芸、政務をこなし、夕方には必ず奥に出向いて、夫婦揃って夜食をとり、歓談したという。時には二人で和歌を詠《よ》んだり、笛を吹く直侯に貢姫が琴や笙で合奏することも少なくなかった。

だが、そんな楽しい生活も三年間で終わりを告げる。

二十歳になった春、直侯が「ふとしたる事より俄《にわか》に御心狂《おこころくる》はせ給ひ、激烈なる症状にましまして、近く侍《はべら》ふ人々も看護に耐へざる程」(『前掲書』)になってしまったのである。

精神に異常を来し、たびたび発作を起こす直侯に貢姫は「昼夜の別なく、疲れを忘れて只管《ひたすら》介抱し給ひき。その御根気強きには誰人も驚かざるはなかりし」(『前掲書』)とあるように、献身的な看病をおこなった。

そうしたこともあり、錯乱《さくらん》したときも、直侯は貢姫の姿を見ると、たちまち平静を取り戻したと伝えられる。

貢姫は、侍女を朝晩神仏に代参させて直侯の回復を祈るが、病気はますます重くなる一方で、次第に生気がおとろえ、ついに文久元年(一八六一)に死去してしまったのである。

そのときの彼女の心境が『松の露』に記されている。

「甲斐《かい》もなくてはかなき露と此世をふり捨て給ふ悲しさは、夢うつつともしばしばはさらに思ひわきがたく、甲斐もなき嘆きに思ひ沈みぬ」

こうして貢姫は、二十三歳の若さで未亡人となり、黒髪を切って慈貞院と称するようになった。

二人の間に子供はなかったので、筑後久留米《ちくごくるめ》藩藩主有馬頼徳《ありまよりのり》の十三男であった直克《なおかつ》が養子となり、家督を継いだ。

貢姫は、直克が幕府から富津崎《ふっつのさき》警備を命じられたさい、それに対する礼状を将軍家の大奥にしたためていることから、背後から政治的に直克を支援したことがわかる。

「人知れず幕府奥向の人々に通じて、暗々裏に藩の名誉を保持し給ひし方にして、常に徳川家の大奥と親密なる関係を保ち、消息の往復絶ゆる時なく、四季おりおりの贈《ぞう》遺亦《いまた》他に越ゆるものありたり」(『前掲書』)

聡明で学問に秀でた貢姫は、この時期になると、その頭脳を政治活動にも用いるようになったわけだ。そのおかげもあってか、文久三年十月、直克は幕府の最高職である政事総裁職《せいじそうさいしょく》に就任、幕政の中枢に躍《おど》り出ることになった。

だが、そうした活動のなかでも、「君ませし世にすさびせさせ給ひしから文を取出てては、思ひきや君か残せし筆の跡　いまそ形見に仰き見るとは」（『前掲書』）とあるように、ときおり亡き夫の手紙を取り出しては、その面影《おもかげ》を偲《しの》んでいたのである。

同年、大名の妻子は国元に帰ってよいことになった。経費節減になることもあり、川越藩でも貢姫たちを川越へ移した。七歳のときから住み慣れた江戸を離れるのは、たとえ市中から近い川越だといっても辛いものであった。

「つくつくと夕暮かたの空見ても　なれにし江戸のひとそ恋しき」

そんな彼女の歌も残っている。ただ、翌元治《げんじ》元年（一八六四）にはふたたび江戸に戻ることになった。

それから三年後、江戸幕府は大政奉還《たいせいほうかん》によって朝廷に政権を返上、二百六十余年間握り続けた権力を手放した。だが、慶応四年（一八六八）正月、鳥羽《とば》・伏見《ふしみ》の戦いが起こり、薩長《さっちょう》を中心とする新政府軍に敗れた将軍慶喜は江戸に逃げ帰った。

江戸は騒然となったが、慶喜は朝廷に対して恭順《きょうじゅん》の意を示し、勝海舟《かつかいしゅう》の働きもあって江戸城は同年四月、無血開城されることになった。

だが、北関東では旧幕府方の軍勢が新政府に抵抗して各地で戦いを始め、江戸上野《うえの》では彰義隊《しょうぎたい》が勢力を膨張させ、一時、江戸に駐屯していた新政府軍は、真剣に撤退を考えるほどになった。

こうした状況のなかで、貢姫は病に罹《かか》ってしまった。これをいたく心配した鍋島直正は、藩医の伊東玄朴《いとうげんぼく》を彼女のもとへ派遣して治療させたが、その症状ははかばかしくなく、「肥前武雄《たけお》の温泉に転地療養させよう」と考え、家臣で竹馬《ちくば》の友でもあった古川松根を江戸へ遣わし、川越藩と交渉させた。

川越松平家もこれを了承し、同年閏《うるう》四月、貢姫は江戸から佐賀へ向かった。

ただ、どうやらこれらの措置《そち》は、松平家が幕府の譜代《ふだい》ゆえ、場合によっては貢姫の身がどうなるかわからないと、愛娘を心配した直正が強引に自分のもとに連れ戻したというのが真相らしい。

慈父との再会と別れ

貢姫は神奈川宿《しゅく》において征討軍としてやってきていた弟で、佐賀藩主の直大《なおひろ》と対面、大いに喜び合った。

その後、藤沢で時宗《じしゅう》・遊行寺《ゆぎょうじ》の宝物を拝観し、大磯小磯《おおいそこいそ》の浜辺で石を拾い、箱根山では蕨《わらび》を取り、三島《みしま》明神《みようじん》や清見寺《せいけんじ》に参拝し、桑名《くわな》や彦根《ひこね》を経て近江《おうみ》の石山寺《いしやまでら》を拝観、閏四月二十三日に京都に到着したのだった。明らかに物見遊山《ものみゆさん》であり、貢姫が仮病だった可能性が見て取れる。

直正は、京都にきた貢姫と久しぶりに対面して「喜ぶこと限りなく、院（貢姫）の旅の疲れを慰め給はんとて、様々の御もてなしあり」（『前掲書』）という喜びぶりを見せた。

貢姫は直正と宴席をともにし、芸妓《げいぎ》たちの踊りを夜中まで堪能《たんのう》した。

翌日も直正は娘のもとを訪れた。その日は、幾山、岡波、波江という三人の琴や三味線の名手を招き、その演奏を聴きながら、酒を飲んだのである。

『松の露』に載る貢姫の日記には「人々酒くみかはし、ここかしこにて舞ひ歌ふさま、絵をかけるがごとくおもほえて、いと珍らしく、けふも夜更けるまで、いとにきはしく、興あることあまた有りけり」と父のもてなしに心から喜んでいる。

翌日、また直正がやってきた。

二人で連れ立って宇治《うじ》の平等院《びょうどういん》を見学し、茶亭では笛や琴の演奏を聴き、茶摘みの見物をした。そして伏見まで行き、そこで父と別れ、船で大坂へ向かったのである。

大坂には四日間ほど滞在し、その後、蒸気船に乗って神戸に行き、さらに鍋島家の汽船「五月丸」で瀬戸内海の景色を堪能しながら播磨灘《はりまなだ》、備中灘《びっちゅうなだ》を過ぎ、玄界《げんかい》から武雄を経て佐賀城へ入ったのだった。

当時、城の本丸には直大夫妻が住んでいたので、貢姫は三の丸に滞在することになった。

鍋島直正は、明治二年（一八六九）四月に新政府の高官として江戸へ赴《おもむ》いたが、明治三年秋から病気が悪化していった。貢姫は江戸へ行ってみずから看病したいと願ったが、なかなか思うようにいかず、神仏に平癒を祈り暮らしていたが、その甲斐なく、明治四年正月に直正は死去してしまった。

「たらちねの親のいまはの門出をも　知らぬやつみの限りなるらむ。東の都の春はいかならむ　思ひもかけぬ風の音つれ。逢ふ事を立待居待《たちまちいまち》かひなくて　はかなく消えし月をしそ思ふ　なけきのみみちぬる宿の春なれは　花の盛をいふ人もなし」（『前掲書』）

父の死を知り、貢姫がつくった歌である。その悲しみの深さがひしひしと伝わってくる。

貢姫は父の葬儀に出席するため、佐賀から江戸に向かい、三月七日にとりおこなわれた葬儀に参列した。

以後、貢姫は東京永田町の鍋島家本邸に住むようになり、やがてその隣に屋敷を移した。

その日常だが、琴、笙、茶の湯、生け花など、相変わらず習い事に精を出す毎日を送った。暇なときには侍女に学問を教えたという。よほど学芸が好きだったのだろう。ただ、晩年になると次第に仏教に傾倒するようになり、とくに川崎大師《かわさきだいし》にたびたび参詣した。

箱根に避暑に行くこともあったが、箱根富士屋ホテルの主人は、貢姫のことを「唯《ただ》人《ひと》にてはおはすまじ、神様」だとほめ、「御心ばへの麗《うるわ》しさによること固《もと》よりながら、其《その》御姿勢のすがすがしく、尊厳にして犯し難き所ありしによる」と述べている。

彼女の写真を見てもわかるように、確かに、犯し難い神秘性、そうオーラのようなものが見て取れる。『松の露』でも、そんな彼女のことを「容姿気高く操行淑《しとや》かに、入りては孝を尽し、出てては夫を助け、後には専念夫君の菩提《ぼだい》を弔《とむら》ひて心を仏道に寄せ、世に観音菩薩《かんのんぼさつ》の再来とまで称せられ給ひし」とほめ称《たた》えている。

実際、犬猫が捨てられているのを見ると、惻隠《そくいん》の情が動き、そのまま行き過ぎることができず、侍女に命じて拾わせ、すべて屋敷で飼育したので、一時は邸内が犬や猫であふれ、出入りの人々が驚くほどだった。また、赤十字社の篤志《とくし》看護師などの活動も積極的に展開した。

五十五歳のとき、貢姫は乳がんを患《わずら》ってしまう。このため橋本綱常《はしもとつなつね》赤十字社病院長（左内の弟）が手術をおこなうことになった。当時、女性の乳がんの手術はまだほとんどおこなわれていなかったが、貢姫は進んでこれを承諾し、手術台に上がっても少しも動揺を見せず、人々を驚かせたという。また、手術後も模範的な患者であった。

残念なことに四年後、乳がんが再発、さらなる大手術を受けた。すると以後は健康を回復し、なんと八十歳の長命を保ち、大正七年（一九一八）に大往生を遂げたのである。

コラム

夫への変わらぬ愛と信頼

十四代長州藩主毛利元徳正室　安子《やすこ》

天保十四年（一八四三）〜大正十四年（一九二六）

毛利安子《もうりやすこ》は、天保《てんぽう》十四年（一八四三）に長府藩《ちょうふ》（長州藩《ちょうしゅう》の支藩）主毛利元運《もとゆき》とその正室（土浦《つちうら》藩主土屋彦直《つちやひこなお》の娘）の次女として江戸で生まれた。初め銀《ぎん》姫と称した。九歳のとき、本藩（長州藩）の藩主毛利敬親《たかちか》の養女となった。敬親にも実子は生まれたものの、次々と夭折《ようせつ》してしまい、自身も三十代前半となったので、養女を迎えることにしたのである。ほぼ時を同じくして、やはり支藩の徳山《とくやま》藩主毛利広鎮《ひろしげ》の十男である元徳《もとのり》を養子に迎えた。元徳は安子より四つ年上であった。二人は安政《あんせい》五年（一八五八）に江戸の桜田《さくらだ》藩邸で結婚した。

平成二十七年のＮＨＫの大河ドラマ『花燃ゆ』では、田中麗奈さんが好演していたので、これを機に安子を知ったという方も少なくないだろう。

世嗣《せいし》となった元徳は、吉田松陰《よしだしょういん》の門下生である久坂玄瑞《くさかげんずい》、高杉晋作《たかすぎしんさく》らの尊攘《そんじょう》派に理解を示した。長州藩が下関で外国船を砲撃すると、文久《ぶんきゅう》三年（一八六三）に報復のためにアメリカとフランスの艦隊が襲来する。このとき元徳は日和山《ひよりやま》に陣地を構え、指揮をとったといわれる。

翌元治《げんじ》元年（一八六四）、長州藩は萩《はぎ》から山口《やまぐち》に政庁を移すが、安子も元徳とともに山口に完成した五十鈴《いすず》御殿に入った。

前年、長州藩の志士たちは朝廷から追い払われ（八月十八日の政変）、さらに同年、池田屋で多数の志士が新選組に殺された。これに激昂《げっこう》した尊攘派の主導により、長州軍は京都へ攻め寄せた。このとき元徳も大将としてあとから向かったが、讃岐国多度津《さぬきのくにたどつ》において、味方の敗北を知って、引き返した。

幕府の征討軍は長州近くまでやってきたが、長州藩の実権を握った保守派が、尊攘派家老の首を差し出して恭順《きょうじゅん》したので、征討軍は戦わずして撤退した。

この頃、安子は元徳と結婚して八年が経っていたが、初めて妊娠し、翌元治二年二月、男児（元昭《もとあきら》）を生んだ。安子は待望の我が子を乳母《うば》にまかせず、自分で育てることに決め、入浴までさせたと伝えられる。

やがて高杉晋作が長州藩でクーデターを起こし、保守派から政権を奪還する。

すると、慶応《けいおう》二年（一八六六）、幕府の大軍が長州藩に襲来する（第二次長州征討）。だが、長州藩は各地で征討軍を撃破していった。このため、幕府軍は将軍家茂《いえもち》の喪《も》に服すという理由で、勝手に引きあげていった。事実上、長州藩の勝利であった。

これにより倒幕の流れが一気に進み、薩長土肥《さっちょうどひ》を中心とした新政府が樹立され、戊辰《ぼしん》戦争が勃発する。男たちが戦いに向かう留守を、安子が中心になって守った。彼女は戦場から山口に注進が届くと、みずから真っ先に出向いていったという。

明治二年（一八六九）六月、敬親が隠居し、元徳が当主となった。版籍奉還《はんせきほうかん》により、元徳は新政府から長州藩の知藩事《ちはんじ》に任じられた。ところがこの年、山口の元徳と安子は、奇兵隊《きへいたい》はじめ諸隊《しょたい》の兵士たちに取り囲まれてしまう。

奇兵隊は、文久三年六月、高杉晋作の呼びかけにより産声《うぶごえ》をあげた。門閥《もんばつ》・身分によらない志願による軍隊で、これに続き同じような隊が次々に誕生、一括して諸隊と称された。

第二次長州征討、鳥羽《とば》・伏見《ふしみ》の戦い、戊辰戦争と、絶え間なく続く戦いで洋式軽装歩兵を中核とする奇兵隊・諸隊は抜群の軍功をあげた。明治二年五月、箱館《はこだて》五稜郭《ごりょうかく》の陥落で内戦は終結、諸隊は長州へ凱旋《がいせん》する。薩長を中心とする新政府が誕生したので、兵士たちは長州藩が自分たちに報いてくれると信じていた。なのに恩賞は上級幹部に限られ、平隊士の多くがリストラされたのだ。

戦《いくさ》で身体が不自由になった者、四十歳を超えた者は、わずかな報奨金と引き替えに除隊が命じられた。戊辰戦争が終わり、五千を超える兵は藩にとって経済的重荷でしかなかったわけだ。当初、藩首脳部は諸隊を新政府で養ってもらおうと献上を申請したが、許されたのはたった千五百名だけ。そこで仕方なく、諸隊の解散を宣言する。

これにより、選から漏れた隊士が失職するのは確実になった。隊士は農家の次男や三男が多く、故郷に戻っても田畑はない。このため隊士の不満が爆発、同年十二月初め、多くの兵が山口の駐屯地から脱走して、宮市《みやいち》や三田尻《みたじり》に参集、その数は二千人に膨れ上がった。宮市は山陽道に面する宿場町。他方、三田尻は藩内一の軍港。つまり、山口藩庁へ通じる陸海の要衝《ようしょう》地を押さえたのだ。さらに主要な関所を占拠し、重要地点に十八か所の砲台を構築した。

この事態に驚いた藩首脳部は彼らの慰撫《いぶ》をおこない、毛利元徳も直々に出向いて、「鎮静の上は、強《し》いて叱り等申しつけ候《そうろう》儀はこれ無き事につき、この段安

毛利敬親・元徳父子（港区立港郷土資料館蔵）
幕末・明治初期にわたって、激動の毛利家において難しい舵取りを担った13代・14代藩主。左が父の敬親、右が養子の元徳

萩城古写真（山口文書館蔵）
およそ11メートルの天守台上に築かれた、五重五層の望楼型天守。明治6年（1873）の廃城令によって解体された。JR東萩駅前には天守の6分の1の復元模型がある

洋装姿の毛利安子（毛利博物館蔵）
日本赤十字社で要職を務めるなど、博愛精神あふれた行動的な女性だった

心せしむべき事」と罪の不問を約束した。

隊士たちは帰還の条件として「解雇した兵への生活の保証。不正諸隊幹部の厳罰処分」を要求した。藩は要求に屈し、解雇兵への保証を約束、不正幹部を免職や謹慎処分にした。これにより脱走兵の怒りは沈静化したものの、山口へ帰ろうとはしなかった。

十二月十九日、美弥《みね》郡岩永《いわなが》村（現在の山口県美祢市）で農民一揆《いっき》が勃発する。一揆は各地に飛び火した。扇動者は来島《きじま》周蔵《しゅうぞう》ら奇兵隊の脱走隊士たちだった。彼らは「藩から政権を奪った暁《あかつき》には年貢を免除する」と触れ回ったのだ。

翌明治三年一月二十一日、脱走諸隊は山口藩庁を包囲、四十名が表門を突破して内に乱入し、藩首脳部に対して不正幹部の処刑を求め、数十台の砲門を藩庁へ向け、人の出入りを封鎖して糧道《りょうどう》を断ったのである。

このおり、安子は落ち着き払い、侍女たちの安全の確保につとめたという。

クーデターに驚いた木戸《きど》孝允《たかよし》は、東京から長州に駆けつけ、二月八日、藩の正規軍や常備兵、長州四支藩の藩兵を三軍に分け、山口へと進軍させた。

反乱軍はこれに応戦、戦いでは約七万発以上もの弾薬が費《つい》やされたといわれ、いかに激戦だったかがわかる。結局、反乱軍が敗北、数百名が捕縛《ほばく》された。

反乱軍の首謀者に対する処分は極めて厳しく、三十五名が柊《ひいらぎ》刑場（現在の山口市下小鯖《しもおさば》）で処刑された。

翌年、廃藩置県により長州藩は消滅し、山口県となった。元徳は東京居住となり、安子もともに上京した。安子はとても気さくな人柄で、家にこもらず積極的に社会活動をおこなった。特に女性教育に力を尽くし、大日本婦人教育協会会長を務めた。そして、女紅学校をもうけ、貧しい女性のために教育を施し、また刺繡やかんざしづくりなど、手に職をつけさせたのである。また、日本赤十字社にかかわるなど、社会福祉に力を尽くした。

大正十四年（一九二五）、安子は八十三歳の生涯を閉じた。

丹《に》羽《わ》久《ひさ》子《こ》

決死の逃避行の行く先

十代二本松藩主丹羽長国正室

天保七年（一八三六）～明治三十三年（一九〇〇）

婚家　二本松藩

天正18年（1590）の豊臣秀吉による奥州平定後、松下氏、加藤氏と藩主が変遷し、寛永20年（1643）、織田の宿老丹羽長秀の孫の光重が白河より移り、およそ10万石を領した。以来、廃藩置県まで丹羽氏が11代225年間治める。戊辰戦争では奥羽越列藩同盟に加わり、新政府軍による攻撃で城も城下も焼かれた。このおり、城の防衛にあたって討ち死にした二本松少年隊の悲劇は有名である。

実家　大垣藩

慶長6年（1601）、石川康通が5万石で入封して立藩。以降、松平氏、岡部氏、ふたたび松平氏と藩主が代わり、寛永12年（1635）に摂津尼崎より戸田氏鉄が入封し、10万石を領した。11代にわたって戸田氏が藩主を世襲する。幕末には鳥羽・伏見の戦いなどに幕府軍として参戦するが、その後、新政府軍に転じ、戊辰戦争において功を立てた。

丹羽久子（二本松市教育委員会提供）

戊辰戦争の動乱

二本松《にほんまつ》藩主丹羽《にわ》氏は、織田信長《おだのぶなが》の宿老・丹羽長秀《ながひで》の流れをくむ家柄である。豊臣秀吉《とよとみひでよし》が、この長秀と柴田勝家《しばたかついえ》から苗字を一字ずつもらい、姓を羽柴《はしば》と改めたことはあまりに有名だろう。長秀は本能寺《ほんのうじ》の変後は秀吉に味方し、やがて越前《えちぜん》一国と加《か》賀国能美《がのくにのみ》・江沼《えぬま》郡を下賜《かし》され、百二十三万石の大大名になった。

だが、天正《てんしょう》十三年（一五八五）に五十一歳で長秀が死去して、十四歳の嫡男《ちゃくなん》・長重《ながしげ》が家督を相続すると、秀吉は些細《ささい》な落ち度を理由に、容赦なく長重から越前や若狭国《わかさのくに》を没収する。

その結果、長重は加賀国松任《まっとう》四万石の小大名に転落してしまう。けれど長重は、それからも実直に秀吉に仕えたため、慶長《けいちょう》三年（一五九八）、加賀国能美・石川《いしかわ》両郡を賜って十二万五千石の小松《こまつ》城主となり、豊臣姓を与えられるまでになった。

ところが、関ヶ原の戦いのさいに、北陸で家康《いえやす》方の前田利長《まえだとしなが》と矛《ほこ》を交えた責任を問われ、改易されてしまったのである。

こうしてすべてを失った長重は、翌年、家康の命で江戸へ下り、芝高輪《しばたかなわ》に隠棲《いんせい》させられることになった。

けれども慶長八年になると、常陸国古渡《ひたちのくにふっと》に一万石をもらい、大名に復帰することができた。やがて、将軍秀忠《ひでただ》の信頼を得た長重は、元和《げんな》五年（一六一九）、さらに江戸崎《えどさき》一万石を加増されて二万石の大名となり、三年後にはまた三万石を与えられ、奥州《おうしゅう》棚倉《たなくら》五万石を領するようになった。

続いて寛永《かんえい》四年（一六二七）には、陸奥国白川《むつのくにしらかわ》（白河）・石川《いしかわ》・田村《たむら》・岩瀬《いわせ》四郡のうち十万七百石を下賜され、白川を拠点とすることになった。まさに、有為転変《ういてんぺん》の人生であった。

長重の嫡男・光重《みつしげ》のとき、丹羽氏は二本松へと移封となり、以後、幕末までこの地の為政者として君臨した。

幕末の二本松藩主は丹羽長国《ながくに》であったが、病弱だったので、藩政のほうは家老の丹羽一学《いちがく》に一任していた。

薩長《さっちょう》を中心とした新政府が樹立されると、新政府の首脳は、新選組《しんせんぐみ》を配下にして自分たちを苦しめてきた会津《あいづ》藩を攻めようとした。東北諸藩の多くは、奥羽越列藩《おううえつれっぱん》同盟に参加して、これに反対する姿勢を見せた。なかでも一学は主戦派で、同盟会議の席上で「死を賭《と》して信義を守るは武士の本懐」だと言って、新政府への徹底抗戦を主張するほどだった。

かくして、東北の各地で新政府軍と同盟軍の戦いが始まるが、奥羽越列藩同盟方は

丹羽長国（二本松市教育委員会提供）
戊辰戦争時、家臣とともに籠城することを望むが、重臣らの説得に応じて、最後には城から脱出した。武闘派の印象を抱くが、生来は考古学が趣味の文人肌であったようだ

劣勢に立たされ、七月後半になると、新政府軍がついに二本松藩近くまでやってきた。すると、七月二十六日、これまでともに戦ってきた隣の三春《みはる》藩が、突然敵方へ寝返り、新政府軍を自領に受け入れてしまったのだ。

それでも一学は、新政府軍と戦うつもりだった。このように徹底抗戦をしたのは、会津藩も同じだった。ただ、会津藩と大きく違ったのは、女性を戦闘に参加させなかったことだろう。二本松藩では、男は老人から子供まで動員し、とくに十二、三歳の少年が多く命を落とすという悲劇が起こったが、女性については、同盟を結んでいる米沢《よねざわ》藩へ逃亡させたのである。さらに意外なことに、藩主の長国も城から落ち延びさせている。

命をかけた逃避行

七月二十七日の夜十時頃、丹羽久子《ひさこ》は寝床に入ってまどろんでいると、突然起こされ、「敵が押し寄せて参りました。急ぎ立ち退いてくだされ」と告げられたのである。

久子は、二本松藩主丹羽長国の正室であった。美濃国大垣《みののくにおおがき》藩主の戸田氏正《とだうじまさ》の娘として生まれ、嘉永《かえい》元年（一八四八）に長国と婚約、十八歳になった嘉永六年四月に結婚した。二人の間に男児はできなかったが、峯子《みねこ》、きく子、くみ子という三人の娘に恵まれた。戊辰《ぼしん》戦争のときは、三十三歳であった。

敵（新政府軍）の襲来という事態に、城中は大騒ぎとなり、久子の娘たちも目を覚まし、眠たがってぐずるのを菓子を与えながらなだめつつ、すぐに逃げる準備をして、午前十二時頃に城をあとにしたのである。

途中、義母と義妹美子《よしこ》の屋敷に寄り、行動をともにしようとしたが、二人はそこにおらず、久子はそのまま輿《こし》に乗って水原《みずはら》という場所へ向かった。

久子は、これから始まる米沢までの逃亡記である『道の記』をしたためている。『道の記』には、逃避行の苦労と彼女の心情があますところなく記されており、姫様がこのような手記を残すのは極めて珍しいので、この記録を紹介しながら、彼女の悲惨な足取りをたどっていこう。

久子の娘の峯子が、道すがら泣いたりぐずったりするので、付き添いの者たちの心を痛め、久子も母として非常に心苦しかったようだ。ようやく水原に着くと、すでに義母と義妹の美子一行が待っていて、互いの再会を喜び合い、皆がそこで夜を明かすことになった。

その後、大森という狭い宿場に到着し、昼食をとることにしたのだが、なかなか食事が出てこない。この間、一寝してさわぎ出した子供たちに菓子などを与えたいが、うるさくて義母の機嫌をそこねるのではないかと、久子は気が気ではなかった。

食後、さらに進んで洲川《すかわ》というところまで行き、川を渡ろうとするが、舟がない。仕方がないので、一行は徒歩で川を渡ることにした。ただ、さすがに姫様である久子を歩かせるわけにはいかなかったようで、次の渡しで一本だけ川にかかっている細い丸木橋を輿に乗ったまま、ソロリソロリと渡った。しかし、落ちたら一大事だ。このため久子は「心々に神仏のみたすけをいのる」心境になったとある。

どうにか無事に川を越えることができたものの、平和な世であれば、姫様が決してそのような恐ろしい経験をすることはなかったろう。

川を渡った頃には、すでに日は暮れてしまっていた。そこで久子が近くの者に「宿はどこぞ」と尋《たず》ねると、「今宵《こよい》は、清水寺《せいすいじ》に着かなくてはならないのです」と言われ、

二本松城（二本松市教育委員会提供）
郭内から見た箕輪門と櫓。門は戊辰戦争時に焼失したが、昭和57年（1982）に復元された。近くには若い命を散らした二本松少年隊の銅像がある

さらに先へ進み、ようやく寺に着いた頃には夜になっており、遅れていた峯子らが到着したのは、もう夜中だった。
「す川とかいひし渡しを越《こゆ》る身の
あはれにつらきうき世とぞ思ふ
さだめなきうき世の中と思ふかな
きのふけふはかはる旅寝に」
これは、久子がこのとき詠《よ》んだ歌である。
昨日までは、まさか命の危険をおかして川を渡り、旅寝をすることになるなど、想像だにしていなかったことがよくわかる。
この日、久子たちは、住み慣れし二本松城が、新政府軍によってあっけなく落とされたことを知った。二本松藩

兵の多くが白河口へ向かっている隙に、二本松城は敵の急襲を受け、わずか一日で陥落してしまったのだ。「きりからし」という小高い場所から二本松方面を眺めると、はるかかなたに煙が立ちのぼっていた。城や城下が焼けてしまったのだろう。やがて、ひどい雨が降り出した。急な逃避行ゆえ、雨具の用意もなく、一同はずぶ濡れとなって、そのまま逃げ続けなくてはならなくなった。

「夕まぐれはるかになびく煙をば　みるにつけても哀れそひつゝ　村雨のふるにつけても恋しさの　なほまさりゆくふたもと（二本松）のやど」（『道の記』）

こうして涙にくれながら久子一行は、二本松城に背を向けて山道をさらに奥へと進み、夜八時頃にようやく李平《すもものだいら》というところに着いた。

けれどこの宿も狭く、夜具もない。足を伸ばして休むのがやっとだった。

久子が義母と話をしていると、「夫の長国一行がまもなく到着する」という嬉しい知らせが入った。そこで、そのまま起きて待つほどに、元気な長国が顔を見せてくれた。どんなにか、ホッとしたことだろう。

ほどなく長国、続いて義母一行が李平を出立、やがて久子一行もそのあとを追った。ようやく関所のある産ヶ沢《うぶがさわ》関門までやってきた。この関門を通過すれば、もう米沢藩領だ。しばしの安全が確保されるから、久子は大いに安堵《あんど》したに違いない。

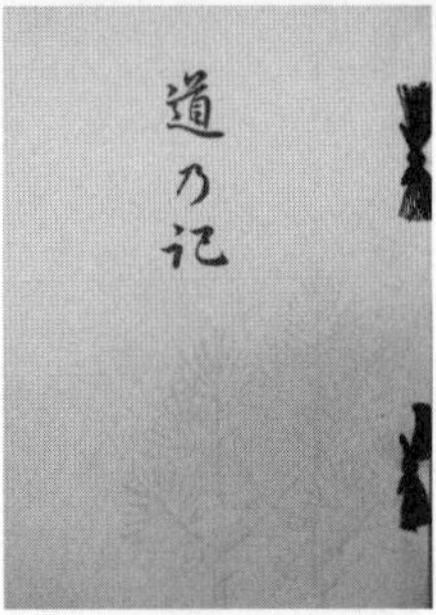

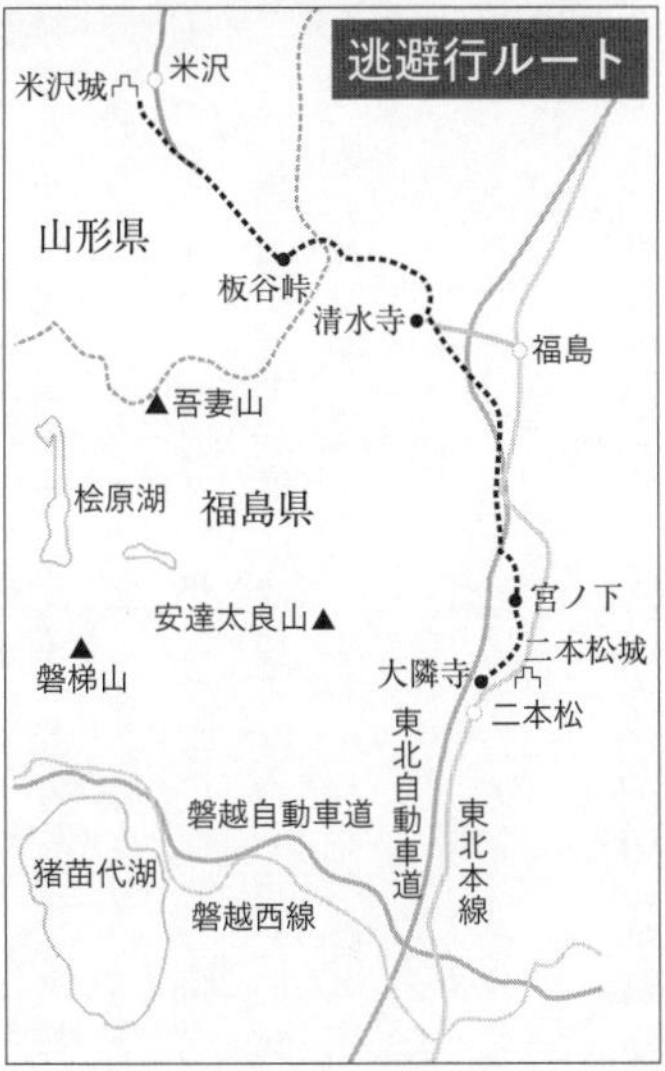

目的地の米沢城（写真上／山形県米沢市）。久子は苦難に満ちた逃避行を日記『道の記』に詳しく綴っている（二本松市教育委員会提供）

揺らぐ米沢藩

ところが、である。

米沢藩の役人が「藩主をはじめ、全員が揃わなくては、ここを通ることは認めない」と久子一行の通過を拒否したのである。

単に手続き上の問題だったのか、あるいは、二本松城の落城を知って米沢藩が動揺したのかわからないが、辛い逃避行を重ねてきた二本松藩士たちにとって、これはむごい措置《そち》といえた。

「ほどなく関門に来しに家の子たち（二本松藩士）多くうち群れてありしが、あはれにのみ見えて、何といはむも涙のみ出づ。待ちける事は五ツ過（朝八時）頃よりはや午の刻（正午）にもなりなむ。皆人々も物ほしうなりていと〳〵情けなき姿なり。母君妹君自からはこし（輿）に打乗りけれど、つきそひ侍りける人々は道すがら足だに休むるひまも侍らねばつらさ思ひやらる。折から風さむく空かきくもりて村雨の降り出ければ、猶《なお》さら物かなしう」

命からがら逃げ出し、必死に頼ろうとした相手にさえ、このような冷たい措置を受け、久子はそのみじめさに涙を流した。

やがて藩主の丹羽長国が到着したことで、関門が開かれ、どうにか米沢領に逃れることができた。

未《ひつじ》の刻（午後二時）頃に板屋宿《いたやしゅく》に着くが、ここも狭苦しく、どうにか昼食をとったものの、黄昏時《たそがれどき》になると、「敵が押し寄せてきたのではないか！」と声高に言う人もおり、久子は恐怖のあまり気持ちも落ち着かず、夕食も喉を通らなかった。この宿に泊まることになったが、その日はなかなか寝つくことができず、「このたびのことを老いた両親が知れば、どれほど心を悩ますだろうか。せめて無事の手紙を送りたい」などと思いながら涙にくれ、ついにその日は一睡もできないまま夜が明けてしまった。

雨はやんだが、今日は板屋峠《とうげ》を越えなければならなかった。

「箱根の山も及ぶまじきと思はれ、あえぎ〳〵歩み行く人の心も思ひやられて尚《なお》さらくるしうこそ、さゝやかなる人家の有りければ、人々みな喜びたちよりて茶などを乞ひ得てしばし休らふ」

大沢宿《おおさわ》で昼食をとったあと、いよいよ米沢城下へ入った。このとき久子は「女子なれども何となうはづかしう思はるれば、ましてをのこ子《ママ》（男子）たちの心のうちはいかばかりと思ひやらる」とあるように、安全が確保されてホッとするとともに、領地を追われて着の身着のままで逃げてきた自分たちの境遇がみじめに思えてきたのである。

米沢藩では、神明社《しんめいしゃ》を久子たちの在所とし、大いに厚遇してくれた。

久子もそうした処遇に対し、「さまぐ〵にもてなさるゝに、いとうれしうなむ。母君妹君にもちかき所に落ち着かせ給ふよし。是も米沢公の深き御情によると聞く。昔しより人々の物語りにきゝけるに少しも違わず、我君はじめ家の子たちに至るまで皆残りなく厚き恵をかけ給ひしことは千尋《せんじん》の海も及びなくことさらに思ひ侍《はべ》りぬ」と大いに感謝している。


十二代米沢藩主上杉斉憲《うえすぎなりのり》は、藩政改革に成功し、幕府から三万石を加増されるなど、有名な上杉鷹山《ようざん》に次ぐ名君と謳《うた》われた人であった。

跡継ぎのなかった長国は、斉憲の九男頼丸を養子とし、久子の生んだ峯子と結婚させることとした。頼丸はみずから長国と久子の滞在先を訪れ、盃をとり交わした。

久子はこれをたいへん喜び、

「かくばかり厚き情けにふたもとの　まつのみどりも色をそへつゝ
今年よりいやおひしげれいく万代《ましろ》　みどりをそへよふたもとのまつ」

と詠んだ。もちろん「ふたもとのまつ」とは二本松のことであり、自藩の繁栄を祝った歌である。

八月九日になると、久子の二人の子供を仙台《せんだい》藩に移し、義母と義妹は会津藩に向かうことになった。米沢藩としても二本松藩の人々すべての面倒を見るのは荷が重かったのだろう。

そんなこともあり、久子は十五夜の月を眺めながら、次のような歌を詠んだ。

「かくばかりかはり行く世ぞうらめしき　さやけき月を見るにつけても」

世は無常に思えたのである。

だが、会津藩の厄介《やっかい》になっていた義母と義妹は、会津藩が籠城することに決まると、米沢へ戻ってくることになった。

いよいよ二人が帰ってきたと聞き、自分から出迎えたかったが、それはできないので浜女（侍女）を出した。ようやく黄昏時に二人が疲れもなく元気で戻ってきたことを浜女を通して知り、久子は非常に嬉しく思ったと記す。ただ、のちに聞いたところによれば、二人は「夜すがら檜原峠《ひばらとうげ》とかいひけるを子《ね》の刻頃、ともし火とてもなく、たいまつといふ物を一ツ、二ツにてこえた」と知るのだった。

生涯忘れぬ体験

結局、それからまもなく米沢藩は新政府に降伏した。久子たちも新政府から帰国の許しを得た。こうして九月六日に二本松領に戻ることになった。

負けたとはいえ、故郷に帰ることができ、晴れやかな気持ちだったようだ。

「峠をゆくにこたびは雨もふらず、道すがら四方の山々谷々みなもみじ（紅葉）していとうつくしう。暫《しば》しはうき事（浮世）も忘る、斗《ばか》り見渡されぬ。米沢領のもみじ葉は、ふたもと（二本松）のよりもまた一入《ひとしお》にぞ染めいでける」と紅葉の美しさに感動できる心の余裕も生まれた。

九月八日、櫻本という名主が「お立ち寄りください」と言うので、屋敷に入ってみると、「赤き飯にみ酒さま〴〵の品出しかば、皆人々ことさらよろこび打むれてたべ侍る風情のをかしさ、いはむかたなし」と人情にも触れた久子一行であった。

やがてまた、あの洲川までやってきた。危うく命の危険を感じた丸木橋。それが今度はなんと、板橋がかかっているではないか。久子は前回のことを思い出しながら、その板橋を渡ったのだった。

九月二十一日、ようやく二本松領の菩提《ぼだい》所・大隣寺《だいりんじ》に入った。

「けふはまた我住みなれしふたもとに　かえり行身《ゆくみ》もあはれなりけり」

この歌を最後に、久子の手記は終わっている。

およそ二か月の逃避行だったが、おそらく姫様だった丹羽久子にとって、生涯忘れ得ぬ経験になったことであろう。

久子はそれから三十年を生き、明治三十三年（一九〇〇）一月二十五日、六十五歳の生涯を閉じた。

伊《だ》達《て》保《やす》子《こ》

開拓のためにかけた生涯

仙台藩十三代亘理伊達家当主邦実正室

文政十年（一八二七）～明治三十七年（一九〇四）

婚家　亘理伊達家

仙台藩主伊達氏の分家。政宗にとっては従兄弟でもあり、片倉小十郎景綱と並び、政宗の股肱の臣である成実を初代とする。慶長7年(1603)、成実は白石城へと移った景綱に代わって亘理城に入り、町割りや新田開発、治水工事などを積極的に進め、亘理の基礎を築く。14代邦成が北海道に移住する明治に至るまで、亘理伊達家がこの地を治めた。

実家　仙台藩

伊達政宗が豊臣秀吉の命により、出羽米沢から陸奥岩出山に移封され、慶長5年(1600)の関ヶ原の戦いののち、仙台に居城を築いて立藩した。慶長11年に加増され、62万石を領有したが、実高は100万石を超え、前田家、島津家に続く雄藩となった。幕末に奥羽越列藩同盟を主導したため、28万石に減封されて廃藩置県を迎える。

伊達保子（だて歴史文化ミュージアム蔵）

前代未聞の所領没収

伊達保子《だてやすこ》（佑《ゆう》姫）は、仙台《せんだい》藩主伊達斉義《なりよし》の娘として文政《ぶんせい》十年（一八二七）に生まれた。その翌年、父の斉義は三十歳の若さで死去してしまっている。ただ、六十二万石という大藩であり、実収は百万石を超えていたと思われるから、前藩主の娘として保子は何不自由なく育ったことだろう。

十七歳になると彼女は、亘理《わたり》伊達家当主・伊達邦実《くにざね》に嫁いだ。亘理伊達氏は、宗家の伊達政宗を補佐した成実《しげざね》の家系で、その後も分家として約二万四千石を給され、代々、伊達宗家の政務を分担してきた。邦実も若くしてよく本藩を支えたという。

保子は、そんな邦実との間に一男一女をもうけたが、残念ながら次代を担うはずの息子は幼くして亡くなってしまった。

邦実は側室らとの間にも五人の男児をもうけていたが、やはりいずれも夭折《ようせつ》し、邦実自身も安政《あんせい》六年（一八五九）に三十七歳の若さで歿してしまう。そこで亘理伊達家では、唯一成長した保子の娘の豊子に婿をとらせることにした。

こうして亘理伊達氏の家督を継いだのは、同じ伊達一族（岩出山《いわでやま》藩主）である伊達義《よし》監《あき》の次男邦成《くにしげ》であった。

時は幕末。京都や江戸では開国、攘夷《じょうい》、尊王《そんのう》、公武合体《こうぶがったい》など、さまざまな立場の人々が互いに争うようになっていたが、仙台藩にもやがてその波が押し寄せ、家中においても尊王か佐幕《さばく》かの対立が起こり始めた。

ただ、仙台藩主の慶邦《よしくに》（保子の実兄）は中立的立場をとり、態度を鮮明にしなかった。そうこうしているうちに、王政復古《おうせいふっこ》の大号令が出されて慶応《けいおう》三年（一八六七）十二月に新政府が樹立され、翌慶応四年（一八六八）正月、鳥羽《とば》・伏見《ふしみ》の戦いが起こって旧幕府軍が敗れ、徳川慶喜《とくがわよしのぶ》が大坂城から江戸城へ逃亡する事態となった。

仙台藩では、旧幕府方に同情を寄せる藩士たちが圧倒的に多かった。しかし、新政府は佐幕方の会津《あいづ》藩や庄内《しょうない》藩を追討すべく東北に東征軍を派遣、東北諸藩にも討伐に加わるよう命じたのである。

三月になると、新政府軍の参謀・世良修蔵《せらしゅうぞう》が仙台に着陣、藩校養賢堂《ようけんどう》に拠点を設け、仙台藩に会津への出兵を命じた。仕方なく派兵したものの、

伊達慶邦（仙台市歴史博物館蔵）
実質的な最後の仙台藩主。戊辰戦争時、奥羽越列藩同盟の盟主として薩長軍と戦ったが、優柔不断な性格のため、自軍を統率できず敗れ降伏したと伝わる

伊達軍はなかなか戦闘を交えようとしなかった。この間、会津藩に降伏を勧めていたのである。

こうした行動が世良修蔵の疑いを招き、世良は仙台藩に会津攻めを強く迫るとともに、久保田《くぼた》藩の新庄にいた新政府の参謀・大山格之助《おおやまかくのすけ》に「仙台藩をはじめ東北諸藩は皆敵であり、倒す対策を立てるべきだ」という密書を書き送った。

ところが、これが仙台藩士の手に渡ることになり、藩士たちの怒りが爆発、瀬上主膳《せがみしゅぜん》らが福島の金沢屋にいた世良を襲撃、捕縛して斬首に処したのである。仙台藩の首脳部もこの暗殺は承知していたという。

以後、仙台藩は庄内藩とともに奥羽越列藩《おううえつれっぱん》同盟をつくり、その中核として新政府に敵対したのである。だが、薩長土肥《さっちょうどひ》を中心とする近代的歩兵軍にはまったく歯が立たず、降伏することになった。戦後、六十二万石の仙台藩は二十八万石に減封された。

当然、分家である亘理領も減らされたわけだが、その減らされ方は尋常ではなかった。二万四千石をたったの百三十俵にされてしまったのである。減封というより改易に近い。もちろん、これではとても家中は暮らしていけない。

このままでは主従一同、餓死を待つほかない。ここにおいて家老の田村顕允《たむらあきまさ》は、主君の邦成に蝦夷地《えぞち》（現在の北海道）の開拓を進言する。

江戸幕府は寛政《かんせい》十二年（一八〇〇）、士族に蝦夷地の開拓にあたらせ、ロシアに対する備えをさせる目的で、八王子千人同心（半農半士の幕臣）を派遣したことがあった。その計画は失敗したものの、幕末、幕府の勝海舟《かつかいしゅう》や福井《ふくい》藩主の松平春嶽《まつだいらしゅんがく》（慶永《よしなが》）なども浪人たちを使って開拓にあたらせようと考えていた。

また、最後まで新政府に逆らって蝦夷地の箱館五稜郭《はこだてごりょうかく》に立て籠《こ》もった榎本武揚《えのもとたけあき》ら旧幕府軍も、箱館戦争の前、新政府に対して「蝦夷地の開拓」を願い出ている。このように未開の蝦夷地を開拓し、ロシアから守るというのは、当時の流行でもあったのだ。

伊達邦成（だて歴史文化ミュージアム蔵）
朝敵の汚名を晴らし、減封されて行き場を失った家臣を救うべく、北海道開拓に尽力する。20年の年月を経て、開拓を成功に導いた。明治25年には勲四等瑞宝章が授与されている

顕允の話を聞いた邦成は、蝦夷地を開拓することによって家中の生計を立てるとともに、北辺の守りを固め、朝廷に対して汚名を雪《そそ》ごうと決意したのである。

いざ不毛の大地へ

榎本ら旧幕府軍は明治二年（一八六九）五月に潰滅したが、それから三か月後の八月、新政府は伊達邦成の願いを容れ、蝦夷地の胆振国《いぶりのくに》有珠《うす》郡（現在の北海道伊達市）への家臣団の移住と開拓を正式に認めた。

ただ、義理の母である保子を北辺の地に連れていくことにためらいを感じた邦成は、仙台藩主で保子の兄の慶邦にその処遇について相談している。

兄からこの話を聞いた保子は、「大業《たいぎょう》のため、一藩がみな移住するということは、まことに大事であり、一同の心中を察すると感慨無量です。だが、このときにあたりじぶんひとりが残って安楽の道を求めるべきではないし、また、兄君がわたしの身をいたわってくれることは、まことにありがたいことではあるが、老いては子にしたがうのがなによりも心安らかです。邦成と苦楽をともにすることは、わたしの本望です。わたしはみずから進んでかの地にゆき、およばずながら豊子ともども、内事を助けて邦成の素志を達成させてあげたいと思うばかりです」（北海道総務部文書課編『開拓につくした人びと　第二巻　北海道の夜明け』）

この決意を聞いて、伊達慶邦は大いに喜んだという。

このとき保子は四十五歳になっていた。当時としては、初老であった。

こうして亘理家臣団の北海道有珠郡への移住は、明治三年から九回にわたっておこなわれ、総勢二千七百名に達した。けれど、新政府からまったく支援はなく、邦成は先祖から伝わってきた宝物なども売り払って、移住のための費用を捻出《ねんしゅつ》したとされる。

保子は明治四年二月の第三回目の移住のさい、仙台の石浜《いしはま》港から猶竜丸《ゆうりようまる》という汽船に乗り、北海道へ向かった。このとき、兄の慶邦は妹の保子に次の歌を贈っている。

「うれしけれ　君の別れはおしけれど　子にしたがへる　おしえ守るは」

さらに邦成に対しても「海山を　よしへだつとも君とわれ　心のむつみ何に替らめや」という一族の結束を誓う歌を与えた。

出立のさい、保子は、「すめらぎの　御国《みくに》のためと思ひなば　蝦夷が千島もなにいとふべき」という決意の歌を詠《よ》んだ。

そして室蘭《むろらん》に到着すると、そのまま陸路で有珠郡に向かった。

北海道での暮らしはたいへん厳しいもので、保子の住処《すみか》も屋敷というより小屋に近いもので、床は荒むしろを敷いただけであったという。また、食器も手に入らず、帆《ほ》立《たて》の貝殻を皿代わりに使用しなくてはならなかった。家臣たちの暮らしはさらに悲惨で、日増しに飢えに苦しむようになり、草の根や木の皮まで食する始末であった。

保子はそれでも開拓を放棄しない家臣たちを励ますため、彼らの家々を回った。

邦成は開拓にあたって、先住のアイヌの人々に対し、「礼節を重んじ、彼らの馬や道具を無断で使用しない、住宅に立ち入らない」といった規則をつくり、共存すべき方針を定めた。

そうしたことから、両者の争いは起こらず、むしろアイヌの人々は、亘理の人々に有珠の地理や天候などを知らせ、常に開拓を手助けしてくれたという。

ただ、当初はなかなか開拓はうまく進まず、邦成は家財を売って約三万両の金銭と七千俵の米を投入していった。さらに政府の開拓使からの補助も受けたが、それでも資金が足りなかった。

保子は、邦成が開拓資金の捻出に苦しんでいる事実に気づき、あるとき邦成に自分の高価な所持品を見せ、「いまはもう、わたしに用のない品々であり、年をとっては、保存の手入れもできかねますから、すべて売り払って開拓費の足しにして下さい」（『前掲書』）と宝物を不要品だといって、その処分を願い出たのである。

しかし、さすがに母が大切にしている物まで売るのはしのびなく、邦成はその申し出を固辞した。すると、保子は、「わたしは、かねてからあなたの心のうちを知っていました。あからさまにいうと、かえってあなたの心を痛める心配があったので、むしろ事に託してその費用を助けたいと考えていましたが、いまはなにも包みかくそう

黒漆地葵紋蒔絵貝桶及び貝合（だて歴史文化ミュージアム蔵）
保子のものと伝えられる貝桶。保子はこのような嫁入道具を開拓資金の捻出にあてた。桶内には婦女の貞操の象徴とされた「貝合わせ」などが入っている

とは思いません。わたしはさいわいなことに、あなたがたの孝養によってなんの不足もありません。山海の珍味も、あなたがたがすすめる野菜にまさるとは思いません。にしきや、ぬいとりに飾られた衣服をまとうよりは、わたしたちの手織りのものを着るほうが望みなのです。ましてや、お金などわたしにはなんの用もありません。ただ、生きているあいだの願いは、あなたの宿望を一日も早くとげさせてあげたいことだけです」
（『前掲書』）

この言葉に邦成は感泣《かんきゅう》し、その申し出を受け入れた。
こうした保子の協力が、貧窮する

家臣団の団結を固めることになったのである。

さらに保子はその後、みずから養蚕《ようさん》に力を入れるようになり、これにより家中の養蚕熱は高まっていった。

「開拓の母」が遺した大地

こうして伊達邦成の開拓事業は、二十年の月日が過ぎた。明治二十二年（一八八九）、盛大に二十年祭がおこなわれた。このおり保子は、「にいばりに　力を尽くせしももちは　珠有る里と　なりにけるかも」という歌を詠んでいる。「にいばり」とは開拓の意味。「ももち」とは数の多いこと。「珠」とは美しいもの。つまり、これまで長年開拓に尽くし、ようやく有珠の地は、すばらしい里になったという感慨を詠《うた》ったのである。

それから三年後の明治二十五年、亘理伊達氏の開拓事業は、その功績を政府から高く評価され、邦成は男爵《だんしゃく》を授けられ華族に列したのである。まさに保子の献身的な協力があったればこそといえた。

この年、保子は六十六歳になっていた。当時としては高齢といえる。それまでも邦成は、義母の保子にたびたび「東京品川にある屋敷に戻って安楽な余生を過ごしてほしい」と勧めたが、頑《がん》としてこれを受け入れようとしなかった。しかし、ようやく亘理伊達氏が華族に列したことで、彼女もその要請を受け入れたのである。

保子はそれから十二年を生き、明治三十七年（一九〇四）十一月、七十八歳でその生涯を閉じた。

伊達氏の家臣たちとその子孫らは、伊達保子を「伊達開拓の母」と呼び、彼女の開拓に対する協力をずっと語り継いでいくことになった。

何不自由なく育った大藩の姫から一開拓民へ、まさに数奇な運命であったが、彼女の人生は充実していたことだろう。

「露霜の　深く染めけむ伊達村の　はその紅葉《もみじ》　いろぞはえたる」

伊達村は霜が降りているが、その木々は真っ赤に色づき、とても鮮やかに映えている。保子の詠んだ歌である。

息を引きとる瞬間、もしかすると保子は、開拓した村里の周囲が見事に紅葉する景色を見ていたのかもしれない。

コラム

時の総理とのスキャンダル

十一代大垣藩主戸田氏共正室　極子《きわこ》

安政四年（一八五八）～昭和十一年（一九三六）

極子は、右大臣にまでのぼった岩倉具視《いわくらともみ》の三女である。

安政《あんせい》四年（一八五八）に生まれた極子は、十四歳のときに美濃国大垣《みののくにおおがき》藩主戸田《とだ》氏共《うじたか》と結婚した。相手もまだ十七歳。今でいえば中学生と高校生のカップルだ。

結婚したのは明治四年（一八七一）二月だから、これから数か月後、廃藩置県によって大垣藩も消滅する。氏共は同年、海外留学の申請をおこない、それが許可されてアメリカへ渡り、それから五年もの間、アメリカ、ヨーロッパなどで学んだのである。

まだ少女だった極子はこの間、実家の岩倉邸に住み、琴や茶道、華道、さらには英語やダンスなどの諸芸に励んだといわれる。

極子（大垣市立図書館蔵）
英語に堪能で、ダンスもこなす美貌の極子はすぐさま鹿鳴館の華になった。欧米留学の経験もある夫の戸田氏共（写真右／大垣市立図書館蔵）とともに、夫婦は外国人接待の会合において欠くことのできないカップルとなった

氏共が帰国すると、極子は翌明治十年に長女孝子《こうこ》を出産、二年後に次女の米子、さらに二年後の明治十四年に三女の幸子を生んだ。

当時、日本の外交的悲願は、欧米列強との不平等条約の改正であった。時の外《がい》務卿《むきよう》（のちの外務大臣）井上馨《いのうえかおる》は、交渉を有利に進めるため、日本が文明国であることを外国人に認識させる必要があると考え、東京日比谷に壮麗な鹿鳴館《ろくめいかん》という洋風建築をつくらせた。そして、鹿鳴館の二階のホールで毎夜のように、日本政府の重鎮たちが、外国の外交官や外国人の賓客《ひんきやく》を招いて舞踏会を開いた。

伊藤博文《いとうひろぶみ》や井上馨などの政府高官は、御雇《おやとい》外国人などに熱心にダンスを習い、パーティーに臨んだ。そんな鹿鳴館のパーティーで注目されたのが、極子だった。その美貌とダンスの美しさは多くの客人を魅了したのである。

また、夫の氏共も長い間外国に留学していたこともあり、この夫妻はまさに、外国人の接待のためにはなくてはならない存在となった。

パーティーは日本の閣僚たちもよく開いたようで、明治二十年（一八八七）四月二十日、伊藤博文の屋敷で仮装パーティーが開かれている。

政府の高官や華族、財界の大物たちが多く集まった。『時事新報』（明治二十年四月二十二日付）の記事によれば、彼らは鋤《すき》を担う農民、花を売る娘、大僧正、裃《かみしも》をつけた正装、甲冑《かっちゅう》姿、弁慶、虚無僧《こむそう》など思い思いの姿に変装した。財界の大物・渋沢栄一《しぶさわえいいち》の娘は「蝶々《ちょうちょう》」に扮してその美しさを絶賛されたという。山県有朋《やまがたありとも》は昔の奇兵隊の姿に変じたそうだ。舞踏会が佳境になったとき、会場に熊が現れた。大騒ぎのなか、一人の貧しい身なりをした女性が熊を見事に取り押さえた。これを見て皆が拍手喝采《かっさい》となった。その役を演じたのが、極子だった。当日、夫の氏共は太田道灌《おおたどうかん》に扮し、極子はその道灌に山吹《やまぶき》を差し出す庶民女性のかっこうをしていたという。

伊藤博文（国立国会図書館蔵）
女性関係についてはルーズで派手。新政府の御雇外国人医師だったベルツが日記に記すほどであった

それから一週間ほど経った四月二十八日、『東京日日新聞』など数紙が意味深な記事を載せた。

ある「人力車夫」が真夜中に、若い令嬢を車に載せた。彼女は「急ぎ駿河台《するがだい》の屋敷まで」というのだが、その姿を見ると、服装が乱れ、靴もはいていない。車夫はおよその事情を察して駆け出すと、日比谷門外で黒塗《くろぬり》馬車と行き違った。すると

「御姫様！」と叫んで、馬車から身なりのよい「女中」が飛び出してきて、そのまま彼女を乗せて走り出したという。車夫はこのとき一円札一枚をもらったが、いったい何があったのかわからずあっけにとられたというものだ。

これは明らかに身分の高い紳士が姫を犯したことをにおわせる記事であり、その身分の高い紳士とは暗に伊藤博文を指し、被害者が駿河台に住む極子だったということを想像させた。ゆえに報道はエスカレートし、もともと伊藤が極子と不倫をしていたと書き立てる新聞まで登場する始末だった。

この件について国文学者の前田愛は、「戸田伯爵が五月四日付で奏任官《そうにんかん》四等の公使館参事官から、勅任官《ちょくにんかん》二等の弁理公使に特進している事実である。さらに一月後の六月四日にはオーストリア駐在全権公使として、戸田伯爵の海外赴任が公表された」「戸田伯爵がオーストリア公使に任命される直前の六月二日に、『朝《ちょ》野《うや》新聞』が、伊藤伯と戸田伯夫人との醜聞《しゅうぶん》が事実無根の虚報であることを念入りに論証した長文の論説を掲載したこと」などの理由をあげ、さらに「極子夫人は三十一歳の女ざかり、現在残っている夜会服姿の写真を見ると、日本人離れの

した豊満なグラマーの印象を受ける」（前田愛著『幻景の明治』岩波現代文庫）とし、伊藤博文と戸田極子との間に情事があったのではないかと推論している。

事の真相はわからないが、オーストリアのウィーンに赴任した戸田夫妻は、自分たちが主催したパーティーをたびたび開き、各界の名士を招いて琴の演奏でもてなすなど日本の外交に大きく寄与したのである。夫婦関係はその後も円満だったことがわかる。

その後、氏共は宮中顧問官や式部長官など宮中の高官を歴任して昭和十一年（一九三六）に死去した。その死を看取《みと》ったひと月後に、極子も夫のあとを追うように亡くなった。

◎参考文献

遠藤幸威著『女聞き書き 徳川慶喜残照』朝日文庫
蜂須賀年子著『大名華族』三笠書房
楠戸義昭・岩尾光代著『徳川慶喜の時代 幕末維新の美女紅涙録』中公文庫
仲田昭一著「徳川斉昭夫人登美宮と那珂地方」(『那珂町史の研究　第十一号』所収)那珂町史編さん委員会
辻ミチ子著『和宮―後世まで清き名を残したく候』ミネルヴァ書房
柴桂子著『会津藩の女たち―武家社会を生きた十人の女性像』恒文社
松平慈貞院著・中野礼四郎編『松の露』(島根県立図書館所蔵)
丹羽久子著『道の記』(小此木忠七郎出版)
二本松市編『二本松市史　第2巻　通史編2　近代・現代』同市
伊達宗広・伊達君代編『仙台藩最後のお姫さま―北の大地に馳せた夢』新人物往来社
北海道総務部文書課編『開拓につくした人びと　第二巻』理論社
前田愛著『幻景の明治』岩波現代文庫
千田稔著『明治・大正・昭和華族事件録』新潮文庫
児玉幸多・北島正元監修『藩史総覧』新人物往来社

『歴史読本』編集部編『日本の名家・名門人脈―誰も知らなかった意外な親戚と子孫たち』新人物往来社
『歴史REAL　女たちの幕末・明治』洋泉社
『別冊歴史読本　江戸三百藩藩主列伝』新人物往来社
『別冊歴史読本　将軍家・大名家　お姫さまの幕末維新』新人物往来社

◉河合 敦（かわい・あつし）
歴史研究家・歴史作家・多摩大学客員教授、早稲田大学非常勤講師。
一九六五年、東京都生まれ。青山学院大学文学部史学科卒業。早稲田大学大学院博士課程単位取得満期退学。歴史書籍の執筆、監修のほか、講演やテレビ出演も精力的にこなす。近著に『逆転した日本史』、『教科書に載せたい日本史、載らない日本史』（小社）、『渋沢栄一と岩崎弥太郎』（幻冬舎新書）、『絵画と写真で掘り起こす「オトナの日本史講座」』（祥伝社）、『最強の教訓！ 日本史』（PHP文庫）、『最新の日本史』（青春出版）など多数。初の小説『窮鼠の一矢』（新泉社）を二〇一七年に上梓。

お姫様は「幕末・明治」をどう生きたのか

発行日　2021年10月2日　初版第1刷発行
　　　　2023年1月30日　　第9刷発行
著　者　河合 敦

発行者　小池英彦
発行所　株式会社 扶桑社
　　　　〒105-8070
　　　　東京都港区芝浦1-1-1　浜松町ビルディング
　　　　電話　03-6368-8870(編集)
　　　　　　　03-6368-8891(郵便室)
　　　　www.fusosha.co.jp

印刷・製本　図書印刷株式会社

ISBN 978-4-594-08957-3